가사체 금강경
과
조계종 금강경

대강백 무비스님·대심거사 조현춘 편저

운주사

가사체 금강경 곽 조계종 금강경

Ⅰ-1. 한문본 비교

한문 전체적 비교

1. 조계종은 신수대장경을 저본으로 하였고, 무비스님·대심거사는 고려대장경을 저본으로 하였습니다. 고려대장경본과 돈황본(유공권서)은 같은데, 신수대장경본과는 130여 글자가 다릅니다. 조계종에서도 〈정확하기로 유명한 고려대장경본을 저본으로 한다〉고 공언은 하였지만, 130여 글자가 다릅니다.

2. 조계종은 구마라집본만을 채택하였고, 무비스님·대심거사는 구마라집본을 저본으로 다른 9본의 금강경들(유지·진제·급다·현장·의정·범본₁·범본₂·티베트어본·몽골어본)과 대조하여 교감하였습니다.

예 : 2장 善現起請分 질문

【조계종/羅什】	應云何	住	( ) ~
【流支】	應云何	住	云何修行 ~
【眞諦】		云何應住	云何修行 ~
【笈多】	發行住應		云何修行應
【玄奘】	應云何	住	云何修行 ~
【義淨】		云何應住	云何修行 ~
【범본1】	(應云何	住	云何修行) ~
【범본2】	(應云何	住	云何修行) ~
【티베트어본】	(應云何	住	云何修行) ~
【몽골어본】	(應云何	住	云何修行) ~

【무비·대심】	應云何住(발원) 云何修行(수행)
	云何降伏其心(항복기심)

예 : 3장 大乘正宗分 ①절

【조계종/羅什】	應	如是降伏其心
【流支】	生	如是心
【眞諦】	應	如是發心
【笈多】		如是心發生應
【玄奘】	應當發趣	如是之心
【義淨】	當 生	如是心
【범본1】	(應 生	如是心)
【범본2】	(應 生	如是心)
【티베트어본】	(應 生	如是心)
【몽골어본】	(應 生	如是心)

【무비·대심】	應 生 如是心

예 : 5장 如理實見分 게송

【조계종/羅什】	~若見(	) ~
【流支】	~若見諸相非相	則非妄語 ~
【眞諦】	~無所有相	卽是眞實 ~
【笈多】	~所有不相具足	所有不妄名 ~
【玄奘】	~ 非相具足	皆非虛妄 ~
【義淨】	~若無勝相	卽非虛妄 ~
【범본1】	(~若見非相	則非虛妄) ~
【범본2】	(~若見非相	則非虛妄) ~
【티베트어본】	(~若見非相	則非虛妄) ~
【몽골어본】	(~若見非相	則非虛妄) ~

【무비·대심】	凡所有相	皆是虛妄
	若見非相	則非虛妄
	諸相非相	則見如來

예 : 26장 法身非相分 둘째 게송

【조계종/羅什】	(	)
【流支】	彼如來妙體 ~	彼識不能知
【眞諦】	由法應見佛 ~	法如深難見
【笈多】	法體佛見應 ~	彼 不能知
【玄奘】	應觀佛法性	卽導師法身
	法性非所識	故彼不能了
【義淨】	현장본과 글자까지 완전히 같습니다.	
【범본1】	(應觀佛法性 ~	故彼不能了)
【범본2】	(應觀佛法性 ~	故彼不能了)
【티베트어본】	(應觀佛法性 ~	故彼不能了)
【몽골어본】	(應觀佛法性 ~	故彼不能了)

【무비·대심】	應觀佛法性	卽導師法身
	法性非所識	故彼不能了

예 : 32장 應化非眞分 게송

【조계종/羅什】	~如夢幻泡影 如露亦如電6유~
【流支】	~如星翳燈幻 露泡夢電雲9유~
【眞諦】	~如暗翳燈幻 露泡夢電雲 〃 ~
【笈多】	~ 星翳燈幻 露泡夢電雲 〃 ~
【玄奘】	~如星翳燈幻 露泡夢電雲 〃 ~
【義淨】	~如星翳燈幻 露泡夢電雲 〃 ~
【범본1】	(~如星翳燈幻 露泡夢電雲 〃 ~)
【범본2】	(~如星翳燈幻 露泡夢電雲 〃 ~)
【티베트어본】	(~如星翳燈幻 露泡夢電雲 〃 ~)
【몽골어본】	(~如星翳燈幻 露泡夢電雲 〃 ~)

【무비·대심】	一切有爲法
	如星翳燈幻 露泡夢電雲 9유
	應作如是觀

I-2. 한글본 비교

부처님의 육하원칙(육성취)

1. 조계종에서는 첫 머리, 즉 육성취 부분을 다음과 같이 번역하였습니다.

'이와 같이(A) 나는 들었습니다. 어느 때 부처님께서 거룩한 비구 천이백오십 명과 함께 사위국 기수급고독원에 계셨습니다(B)'

무비스님과 대심거사의 〈가사체 금강경〉에서는 두 가지 사항을 고려하였습니다.

1) 설법장소에 같이 있었던 제자들이 다시 모여서 경전을 결집했으므로 '(설법내용을) 직접 들었으며 (설법장면을) 직접 봤습니다'로 하였습니다.

2) 불교경전은 앞머리에 부처님의 육하원칙이 동등하게 잘 갖추어져 있어야 합니다. 최초의 한글 번역인 조선 초기 언해본과 대한민국 3대 역경가들(용성스님, 백성욱박사님, 탄허스님)에서는 부처님의 육하원칙이 한 문장에 나란히 있었습니다. 그런데 조계종에서는 B를 A에 포함시켜 부처님의 육하원칙을 없애 버렸습니다. 가사체 금강경에서는 부처님의 육하원칙을 한 문장에 두었습니다.

긍정적인 주住와 부정적인 주住

2. 금강경 전체를 통해서 주住는 거의 전부가 부정적 의미로 사용됩니다. 그런데 2장의 주住와 17장 첫 문장의 주住는 "긍정적인 주住"(스타따위양/sthatavyam : 일단 발원하고, 발원한 내용과 잠시도 떨어지지 않고, 꼭 붙어 있어야 한다)입니다. 그래서 '발원'으로 번역하였습니다. 나머지 주住는 전부가 "부정적인 주住"(쁘라띠스티또/pratisthito : 벗어나야 하는데, 벗어나지 못하고 꼭 붙어 있다)입니다. 그래서 '걸려 있다'로 번역하였습니다.

길을 가는 순서

3. 금강경에서의 길을 가는 순서는 "일체 중생 열반으로 내가 모두 제도한다는 큰 발원을 해야 하고, 이 발원과 잠시도 떨어지지 않고 꼭 붙어 있어야 한다(발원). 이리하여 무량중생 제도하되(수행), 중생제도 하였다고 생각하면 안 된다(마음 다스림)"입니다. "그런 생각을 하면 제대로 제도한 것이 아니고(부연설명1), 그런 생각 아니 해야 참으로 제도한 것이다(부연설명2)"입니다. 보시·장엄·제상·색신·법·득복·세계·중생 등도 같습니다.

14장 앞 부분

4. 조계종의 번역입니다. 세 문장을 하나로 합쳐서 말이 안 됩니다.

"②③④ 제가 지금까지 얻은 혜안으로는 부처님께서 이같이 깊이 있는 경전 설하심을 들은 적이 없습니다."

각묵스님의 번역입니다.

② 이 법문이 여래에 의해서 설해졌으니까요. 최상승에 굳게 나아가고 중생들의 이익을 위하고, 최수승에 굳게 나아가는 자들의 이익을 위해서입니다.

③ 이로부터 제게는 세존이시여 지혜가 생겨났습니다.

④ 저에 의해서 세존이시여 결코 이런 형태의 법문은 전에 들은 적이 없습니다.

그래서 다음과 같이 번역하였습니다. 구마라집식 간결성, 명료성을 살렸습니다.

② 부처님은 심오한법 설해주시 었습니다.

③ 부처님의 설법듣고 지혜의눈 떴습니다.

④ 이런법문 단한번도 들어본적 없습니다.

Ⅱ. 漢文本 對照

• 한문본 대조에서 완전히 빠진 부분은 ~~~~~~로, 서로 다른 부분은 _____로 표시하였습니다.

一. 법회인유분 法會因由分

조계종/구마라집 한문본	무비·대심 한문본
①	①
如是我聞 一時 佛 在舍衛國祇樹給孤獨園 여시아문 일시 불 재사위국기수급고독원	如是我聞 一時 佛 在舍衛國 祇樹給孤獨園 여시아문 일시 불 재사위국 기수급고독원
與大比丘衆 千二百五十人俱 ~~~~~~~~ 여대비구중 천이백오십인구	與大比丘衆 千二百五十人俱 及 大菩薩衆. 여대비구중 천이백오십인구 급 대보살중
②	②
爾時 世尊 食時 着衣持鉢 入舍衛大城 이시 세존 식시 착의지발 입사위대성	爾時 世尊 於日初分 着衣持鉢 入舍衛大城 이시 세존 어일초분 착의지발 입사위대성
乞食 於其城中 次第乞已 還至本處 飯食訖 收衣鉢 걸식 어기성중 차제걸이 환지본처 반사흘 수의발	乞食 於其城中 飯食訖 還至本處 收衣鉢 걸식 어기성중 반사흘 환지본처 수의발
洗足已 敷座而坐 ~~~~~~~~~~~~~ 세족이 부좌이좌	洗足已 如常敷座 結跏趺坐 端身而住 正念不動. 세족이 여상부좌 결가부좌 단신이주 정념부동
③	③
~~	時 諸比丘 來詣佛所 頂禮佛足 右繞三匝 退坐一面. 시 제비구 내예불소 정례불족 우요삼잡 퇴좌일면

II. 한글본 대조

• 한글본 대조에서 완전히 빠진 부분은 〜〜〜〜〜로 표시하였으며, 수정·보완한 부분은 표시하지 않았습니다.

1장 법회가 열린 배경

조계종 한글본	가사체 금강경
①	①
이와 같이 나는 들었습니다. 어느 때 부처님께서 거룩한 비구 천 이백 오십 명과 〜〜〜〜〜 함께 사위국 기수급고독원에 계셨습니다.	부처님이 일천이백 오십명의 스님들과 많디많은 보살들과 어느날〜 사위국의 기원정사 계시면서 다음같이 하시는걸 제가직접 들었으며 제가직접 봤습니다.
②	②
그때 세존께서는 공양 때가 되어 가사를 입고 발우를 들고 걸식하고자 사위대성에 들어가셨습니다. 성 안에서 차례로 걸식하신 후 본래의 처소로 돌아와 공양을 드신 뒤 가사와 발우를 거두고 발을 씻으신 다음 자리를 펴고 앉으셨습니다. 〜〜〜〜〜	부처님은 아침일찍 가사입고 발우들고 사위성에 들어가서 탁발하여 공양하고 기원정사 돌아와서 가사발우 거두시고 발을씻고 사자좌에 오르시어 가부좌로 반듯하게 앉으시어 마음챙기 셨습니다.
③	③
〜〜〜〜〜 〜〜〜〜〜 〜〜〜〜〜	이때에〜 스님들이 부처님께 다가가서 부처님의 양쪽발에 이마대어 예경하고 부처님을 세번돌고 모두앉으 셨습니다.

二. 선현기청분 善現起請分

조계종/구마라집 한문본	무비·대심 한문본

①

時 長老 須菩提 在大衆中 卽從座起 偏袒右肩
시 장로 수보리 재대중중 즉종좌기 편단우견

右膝着地 合掌恭敬 而白佛言
우슬착지 합장공경 이백불언

①

時 長老 須菩提 在大衆中 卽從座起 偏袒右肩
시 장로 수보리 재대중중 즉종좌기 편단우견

右膝着地 合掌恭敬 而白佛言.
우슬착지 합장공경 이백불언

②

希有 世尊 如來 善護念諸菩薩 善付囑諸菩薩
희유 세존 여래 선호념제보살 선부촉제보살

②

希有 世尊 如來 善護念諸菩薩 善付囑諸菩薩.
희유 세존 여래 선호념제보살 선부촉제보살

③

世尊 善男子 善女人 發阿耨多羅三藐三菩提心
세존 선남자 선여인 발아누다라삼먁삼보리심

應云何住 ~~~~~~~ 云何降伏其心
응운하주 운하항복기심

③

世尊 善男子 善女人 發菩薩乘
세존 선남자 선여인 발보살승

應云何住 云何修行 云何降伏其心?
응운하주 운하수행 운하항복기심

④

佛言 善哉善哉 須菩提 如汝所說 如來
불언 선재선재 수보리 여여소설 여래

善護念諸菩薩 善付囑諸菩薩
선호념제보살 선부촉제보살

④

善哉善哉 須菩提 如汝所說 如來
선재선재 수보리 여여소설 여래

善護念諸菩薩 善付囑諸菩薩.
선호념제보살 선부촉제보살

⑤

~~~~~~~ 汝今諦聽 當爲汝說. 善男子 善女人
여금제청 당위여설 선남자 선여인

發阿耨多羅三藐三菩提心 應如是住 ~~~~~~~
발아누다라삼먁삼보리심 응여시주

如是降伏其心
여시항복기심

⑤

須菩提 汝今諦聽 當爲汝說. 善男子 善女人
수보리 여금제청 당위여설 선남자 선여인

發菩薩乘 應如是住 如是修行
발보살승 응여시주 여시수행

如是降伏其心.
여시항복기심

⑥

唯然 世尊 願樂欲聞
유연 세존 원요욕문

⑥

唯然 世尊 願樂欲聞.
유연 세존 원요욕문

2장 수보리 장로님이 가르침을 청함

조계종 한글본	가사체 금강경
①	①
그때 대중 가운데 있던 수보리 장로가 자리에서 일어나 오른쪽 어깨를 드러내고 오른 무릎을 땅에 대며 합장하고 공손히 부처님께 여쭈었습니다.	수보리~ 장로님이 자리에서 일어나서 오른어깨 드러내고 오른무릎 땅에꿇고 합장하고 부처님께 말씀드리 셨습니다.
②	②
"경이롭습니다, 세존이시여! 여래께서는 보살들을 잘 보호해 주시며 보살들을 잘 격려해 주십니다.	거룩하신 부처님~ 정말대단 하십니다. 부처님은 보살들을 참으로잘 보살피고 보살들을 참으로잘 가르치고 계십니다.
③	③
세존이시여! 가장 높고 바른 깨달음을 얻고자 하는 선남자 선여인이 어떻게 살아야 하며 ~~~~~~~ 어떻게 그 마음을 다스려야 합니까?"	거룩하신 부처님~ 거룩하신 부처님~ 보살의길 가려하는 선남자와 선여인은 어떻게~ 발원하고 어떻게~ 수행하며 어떻게~ 자기마음 다스려야 하옵니까?
④	④
부처님께서 말씀하셨습니다. "훌륭하고 훌륭하다. 수보리여! 그대의 말과 같이 여래는 보살들을 잘 보호해 주며 보살들을 잘 격려해 준다.	수보리~ 장로님~ 수보리~ 장로님~ 참으로~ 옳습니다 장로님의 말씀대로 여래는~ 보살들을 참으로잘 보살피고 보살들을 참으로잘 가르치고 있습니다.
⑤	⑤
그대는 자세히 들어라. 그대에게 설하리라. 가장 높고 바른 깨달음을 얻고자 하는 선남자 선여인은 이와 같이 살아야 하며 ~~~~~~~ 이와 같이 그 마음을 다스려야 한다."	수보리~ 장로님~ 말씀드리 겠습니다. 보살의길 가려하는 선남자와 선여인은 어떻게~ 발원하고 어떻게~ 수행하며 어떻게~ 자기마음 다스려야 하는지를 장로님을 위하여서 말씀드리 겠습니다.
⑥	⑥
"예, 세존이시여!"라고 하며 수보리는 즐거이 듣고자 하였습니다.	거룩하신 부처님~ 말씀하여 주십시오. 저희들을 위하여서 말씀하여 주십시오.

三. 대승정종분 大乘正宗分

조계종/구마라집 한문본	무비·대심 한문본

①

佛告　須菩提　諸菩薩摩訶薩　應如是降伏其心
불고　수보리　제보살마하살　응여시항복기심

所有一切衆生之類　若卵生　若胎生　若濕生　若化生
소유일체중생지류　약난생　약태생　약습생　약화생

若有色　若無色　若有想　若無想　若非有想非無想
약유색　약무색　약유상　약무상　약비유상비무상

我皆令入　無餘涅槃　而滅度之
아개영입　무여열반　이멸도지

①

須菩提　善男子　善女人　發菩薩乘　應生如是心.
수보리　선남자　선여인　발보살승　응생여시심

所有一切衆生之類　若卵生　若胎生　若濕生　若化生
소유일체중생지류　약난생　약태생　약습생　약화생

若有色　若無色　若有想　若無想　若非有想非無想
약유색　약무색　약유상　약무상　약비유상비무상

我皆令入　無餘涅槃　而滅度之.
아개영입　무여열반　이멸도지

---

②

如是滅度　無量無數　無邊衆生　實無衆生　得滅度者
여시멸도　무량무수　무변중생　실무중생　득멸도자

②

如是滅度　無量衆生　實無衆生　得滅度者.
여시멸도　무량중생　실무중생　득멸도자

---

③

何以故　〜〜〜〜〜〜〜〜〜〜〜〜〜〜〜〜〜〜〜〜〜〜
하이고

③

何以故　須菩提　若菩薩　有衆生相　卽不名菩薩.
하이고　수보리　약보살　유중생상　즉불명보살

---

④

須菩提　若菩薩　有我相　人相　衆生相　壽者相　卽非菩薩
수보리　약보살　유아상　인상　중생상　수자상　즉비보살

④

須菩提　若菩薩　有我相　人相　衆生相　壽者相　卽非菩薩.
수보리　약보살　유아상　인상　중생상　수자상　즉비보살

3장 대승의 근본 가르침

조계종 한글본	가사체 금강경
①	①
부처님께서 수보리에게 말씀하셨습니다. "모든 보살마하살은 다음과 같이 그 마음을 다스려야 한다. '알에서 태어난 것이나, 태에서 태어난 것이나, 습기에서 태어난 것이나, 변화하여 태어난 것이나, 형상이 있는 것이나, 형상이 없는 것이나, 생각이 있는 것이나, 생각이 없는 것이나, 생각이 있는 것도 아니고 없는 것도 아닌 온갖 중생들을 내가 모두 완전한 열반에 들게 하리라.	수보리~ 장로님~ 수보리~ 장로님~ 보살의길 가려하는 선남자와 선여인은 '일체중생 열반으로 내가모두 제도한다' '알로생긴 중생이나 태로생긴 중생이나 습기에서 생긴중생 변화하여 생긴중생 형상있는 중생이나 형상없는 중생이나 생각있는 중생이나 생각없는 중생이나 생각이~ 있다없다 할수없는 중생들을 고통없고 행복가득 무여열반 이르도록 한중생도 빠짐없이 내가모두 제도한다' 이와같은 큰발원을 해야하는 것입니다.
②	②
이와 같이 헤아릴 수 없이 많은 중생을 열반에 들게 하였으나, 실제로는 완전한 열반을 얻은 중생이 아무도 없다.'	이리하여 무량중생 열반으로 제도하되 중생제도 하였다고 생각하면 안됩니다.
③	③
왜냐하면 수보리여! ~~~~~~~~~~~~~~~~~~~~ ~~~~~~~~~~~~~~~~~~~~	수보리~ 장로님~ 수보리~ 장로님~ 중생제도 하였다고 생각하는 보살들은 참~된~ 보살이라 말할수가 없습니다.
④	④
보살에게 자아가 있다는 관념, 개아가 있다는 관념, 중생이 있다는 관념, 영혼이 있다는 관념이 있다면 보살이 아니기 때문이다."	수보리~ 장로님~ 자기중심 인간중심 중생중심 생명중심 생각하는 보살들은 참~된~ 보살이라 말할수가 없습니다.

四. 묘행무주분 妙行無住分

조계종/구마라집 한문본	무비·대심 한문본
①	①
復次 須菩提 菩薩 於法 應無所住 行於布施 부차 수보리 보살 <u>어법</u> 응무소주 행어보시	復次 須菩提 菩薩 於事 應無所住 行於布施. 부차 수보리 보살 <u>어사</u> 응무소주 행어보시
②	②
所謂 不住色布施 不住聲香味觸法布施 소위 부주색보시 부주성향미촉법보시	所謂 不住色布施 不住聲香味觸法布施. 소위 부주색보시 부주성향미촉법보시
③	③
須菩提 菩薩 應如是布施 不住於相 수보리 보살 응여시보시 부주어상	須菩提 菩薩 應如是布施 不住於相. 수보리 보살 응여시보시 부주어상
④	④
何以故 若菩薩 不住相布施 其福德 不可思量 하이고 약보살 부주상보시 기복덕 불가사량	何以故 若菩薩 不住相布施 其福德 不可思量. 하이고 약보살 부주상보시 기복덕 불가사량
⑤	⑤
須菩提 於意云何 東方虛空 可思量 不 수보리 어의운하 동방허공 가사량 부	須菩提 於意云何 東方虛空 可思量 不? 수보리 어의운하 동방허공 가사량 부
⑥	⑥
不也 世尊 불야 세존	不也 世尊. 불야 세존
⑦	⑦
須菩提, 南西北方 四維 上下 虛空 可思量 不 수보리 남서북방 사유 상하 허공 가사량 부	須菩提 南西北方 四維 上下 虛空 可思量 不? 수보리 남서북방 사유 상하 허공 가사량 부
⑧	⑧
不也 世尊 불야 세존	不也 世尊. 불야 세존
⑨	⑨
須菩提 菩薩 無住相布施福德 亦復如是 不可思量 수보리 보살 무주상보시복덕 역부여시 불가사량	須菩提 菩薩 無住相布施福德 亦復如是 不可思量. 수보리 보살 무주상보시복덕 역부여시 불가사량
⑩	⑩
須菩提 菩薩 但應如所敎住 수보리 보살 <u>단응여소교주</u>	須菩提 菩薩 應如是布施 不住於相. 수보리 보살 <u>응여시보시 부주어상</u>

4장 걸림없는 보시

조계종 한글본	가사체 금강경
①	①
"또한 수보리여! 보살은 어떤 대상에도 집착 없이 보시해야 한다.	수보리~ 장로님~ 보살들은 어디에도 안걸리는 보시행을 해야하는 것입니다.
②	②
말하자면 형색에 집착 없이 보시해야 하며 소리, 냄새, 맛, 감촉, 마음의 대상에도 집착 없이 보시해야 한다.	형상소리 냄새맛촉 현상들~ 어디에도 안걸리는 보시행을 해야하는 것입니다.
③	③
수보리여! 보살은 이와 같이 보시하되 어떤 대상에 대한 관념에도 집착하지 않아야 한다.	수보리~ 장로님~ 참~된~ 보살들은 보시하되 보시했다 생각하지 않습니다.
④	④
왜냐하면 보살이 대상에 대한 관념에 집착 없이 보시한다면 그 복덕은 헤아릴 수 없기 때문이다.	보시하되 보시했다 생각하지 아니하는 보살들이 짓는복은 한량없이 많습니다.
⑤	⑤
수보리여! 그대 생각은 어떠한가? 동쪽 허공을 헤아릴 수 있겠는가?"	수보리~ 장로님~ 어찌생각 하십니까? 동방허공 크기를~ 상상할수 있습니까?
⑥	⑥
"없습니다, 세존이시여!"	아닙니다 부처님~ 상상하지 못합니다.
⑦	⑦
"수보리여! 남서북방, 사이사이, 아래 위 허공을 헤아릴 수 있겠는가?"	수보리~ 장로님~ 수보리~ 장로님~ 서남북방 동남동북 서남서북 아래위~ 허공들의 크기를~ 상상할수 있습니까?
⑧	⑧
"없습니다, 세존이시여!"	아닙니다 부처님~ 상상하지 못합니다.
⑨	⑨
"수보리여! 보살이 대상에 대한 관념에 집착하지 않고 보시하는 복덕도 이와 같이 헤아릴 수 없다.	수보리~ 장로님~ 수보리~ 장로님~ 보시하되 보시했다 생각하지 아니하는 보살들이 짓는복도 상상할수 없습니다.
⑩	⑩
수보리여! 보살은 반드시 가르친 대로 살아야 한다."	수보리~ 장로님~ 참~된~ 보살들은 보시하되 보시했다 생각하지 않습니다.

五. 여리실견분 如理實見分

조계종/구마라집 한문본	무비·대심 한문본
①	①
須菩提 於意云何 可以身相 見如來 不 수보리 어의운하 가이신상 견여래 부	須菩提 於意云何 可以身相 見如來 不? 수보리 어의운하 가이신상 견여래 부
②	②
不也 世尊 不可 以身相 得見如來 불야 세존 불가 이신상 득견여래	不也 世尊 不可 以身相 得見如來. 불야 세존 불가 이신상 득견여래
③	③
何以故 如來所說 身相 卽非身相 하이고 여래소설 신상 즉비신상	何以故 如來所說 身相 卽非身相. 하이고 여래소설 신상 즉비신상
④	④
佛告 須菩提 불고 수보리	須菩提 수보리
凡所有相 皆是虛妄 범소유상 개시허망	凡所有相 皆是虛妄 범소유상 개시허망
若見 ~~~~~~~~~~ 약견	若見非相 則非虛妄 약견비상 즉비허망
諸相非相 則見如來 제상비상 즉견여래	諸相非相 則見如來. 제상비상 즉견여래

5장 부처님 모습 바로 보기

조계종 한글본	가사체 금강경
①	①
"수보리여! 그대 생각은 어떠한가? 신체적 특징을 가지고 여래라고 볼 수 있는가?"	수보리~ 장로님~ 어찌생각 하십니까? 부처님의 거룩한~ 상호들을 다갖추면 부처라고 말할수가 있다생각 하십니까?
②	②
"없습니다, 세존이시여! 신체적 특징을 가지고 여래라고 볼 수는 없습니다.	아닙니다 부처님~ 부처상호 갖췄다고 반드시~ 부처라고 말할수는 없습니다.
③	③
왜냐하면 여래께서 말씀하신 신체적 특징은 바로 신체적 특징이 아니기 때문입니다."	갖추어도 갖추었다 생각하면 안됩니다.
④	④
부처님께서 수보리에게 말씀하셨습니다. "신체적 특징들은 모두 헛된 것이니 ~~~~~~~~~~~~~~~~ ~~~~~~~~~~~~~~~~ 신체적 특징이 신체적 특징 아님을 본다면 바로 여래를 보리라."	수보리~ 장로님~ 갖추었다 생각하면 제대로~ 갖추었다 말할수가 없습니다. 부처상호 갖추고도 갖추었다 아니해야 참으로~ 갖추었다 말할수가 있습니다. 부처상호 갖추고도 갖추었다 아니해야 참~된~ 부처라고 말할수가 있습니다.

六. 정신희유분 正信希有分

조계종/구마라집 한문본	무비·대심 한문본
①	①

須菩提白佛言 世尊 頗有衆生 ~~~~ 得聞如是言說章句
수보리백불언 세존 파유중생 　　　　 득문여시언설장구

生實信 不
생 실 신 부

世尊 頗有衆生 於未來世 得聞如是言說章句
세존 파유중생 어미래세 득문여시언설장구

生實信 不?
생 실 신 부

| ② | ② |

佛告 須菩提 莫作是說. 如來滅後 後五百歲
불고 수보리 막작시설 여래멸후 후오백세

有持戒修福~~~~者 於此章句 能生信心 以此爲實
유지계수복 　　 자 어차장구 능생신심 이차위실

須菩提 莫作是說. 如來滅後 後五百歲
수보리 막작시설 여래멸후 후오백세

有持戒修福智慧者 於此章句 能生信心 以此爲實.
유지계수복지혜자 어차장구 능생신심 이차위실

| ③ | ③ |

當知 是人 不於一佛二佛三四五佛 而種善根已 於無量千萬
당지 시인 불어일불이불삼사오불 이종선근이 어무량천만

佛所 種諸善根 聞是章句 乃至 一念生淨信者
불소 종제선근 문시장구 내지 일념생정신자

是人 不於一佛 而種善根已 於百千萬
시인 불어일불 이종선근이 어백천만

佛所 種諸善根 聞是章句 乃至 一念生淨信者.
불소 종제선근 문시장구 내지 일념생정신자

| ④ | ④ |

須菩提 如來 悉知悉見 是諸衆生 得如是無量福德
수보리 여래 실지실견 시제중생 득여시무량복덕

須菩提 如來 悉知悉見 是諸衆生 得無量福德.
수보리 여래 실지실견 시제중생 득무량복덕

6장 바른 믿음의 무량 복덕

조계종 한글본	가사체 금강경
①	①
수보리가 부처님께 여쭈었습니다. "세존이시여! ~~~~~ 이와 같은 말씀을 듣고 진실한 믿음을 내는 중생들이 있겠습니까?"	거룩하신 부처님~ 거룩하신 부처님~ 미래에도 이법문을 믿을중생 있습니까?
②	②
부처님께서 수보리에게 말씀하셨습니다. "그런 말 하지 말라. 여래가 열반에 든 오백년 뒤에도 계를 지니고 복덕을 닦는 ~~~~~~ 이는 이러한 말에 신심을 낼 수 있고 이것을 진실한 말로 여길 것이다.	수보리~ 장로님~ 그런말씀 마십시오. 여래가~ 열반한후 오백년이 지나가도 계지키고 복을짓는 지혜로운 사람들은 이법문을 참되다며 깊이믿을 것입니다.
③	③
이 사람은 한 부처님이나 두 부처님, 서너 다섯 부처님께 선근을 심었을 뿐만 아니라 이미 한량없는 부처님 처소에서 여러 가지 선근을 심었으므로 이 말씀을 듣고 잠깐이라도 청정한 믿음을 내는 자임을 알아야 한다.	한부처님 앞에서만 선근심지 아니하고 백천만의 부처님들 앞에서도 선근심은 사람들은 이법문을 깊이믿을 것입니다.
④	④
수보리여! 여래는 이러한 중생들이 이와 같이 한량없는 복덕 얻음을 다 알고 다 본다.	수보리~ 장로님~ 수보리~ 장로님~ 여래는~ 모두알고 모두보고 있습니다. 이런사람 짓는복은 한량없이 많습니다.

⑤

何以故　是諸衆生　無復我相　人相　衆生相　壽者相
하 이 고　시 제 중 생　무 부 아 상　인 상　중 생 상　수 자 상

⑥

無法相　亦　無非法相
무 법 상　역　무 비 법 상

⑦

何以故　是諸衆生　若心取相　則爲着我人衆生壽者
하 이 고　시 제 중 생　약 심 취 상　즉 위 착 아 인 중 생 수 자

若取法相　卽着我人衆生壽者
약 취 법 상　즉 착 아 인 중 생 수 자

何以故　若取非法相　卽着我人衆生壽者
하 이 고　약 취 비 법 상　즉 착 아 인 중 생 수 자

⑧

是故　～～～～　不應取法　不應取非法
시 고　　　　불 응 취 법　불 응 취 비 법

⑨

以是義故　如來常說　汝等比丘　知我說法　如筏喩者
이 시 의 고　여 래 상 설　여 등 비 구　지 아 설 법　여 벌 유 자

法尙應捨　何况非法
법 상 응 사　하 황 비 법

⑤

何以故　是諸衆生　無復我相　人相　衆生相　壽者相.
하 이 고　시 제 중 생　무 부 아 상　인 상　중 생 상　수 자 상

⑥

無法相　亦　無非法相.
무 법 상　역　무 비 법 상

⑦

何以故　是諸衆生
하 이 고　시 제 중 생

若取法相　卽着我人衆生壽者
약 취 법 상　즉 착 아 인 중 생 수 자

何以故　若取非法相　卽着我人衆生壽者.
하 이 고　약 취 비 법 상　즉 착 아 인 중 생 수 자

⑧

是故　菩薩　不應取法　不應取非法.
시 고　보 살　불 응 취 법　불 응 취 비 법

⑨

以是義故　如來常說　汝等比丘　知我說法　如筏喩者
이 시 의 고　여 래 상 설　여 등 비 구　지 아 설 법　여 벌 유 자

法尙應捨　何况非法.
법 상 응 사　하 황 비 법

⑤

왜냐하면 이러한 중생들은 다시는 자아가 있다는 관념, 개아가 있다는 관념, 중생이 있다는 관념, 영혼이 있다는 관념이 없고,

⑤

이런사람 자기중심 인간중심 중생중심 생명중심 생각들을 하지않을 것입니다.

⑥

법이라는 관념이 없으며 법이 아니라는 관념도 없기 때문이다.

⑥

이런사람 법중심~ 생각하지 아니하고, 생각하지 않는다는 생각조차 않습니다.

⑦

왜냐하면 이러한 중생들이 마음에 관념을 가지면 자아·개아·중생·영혼에 집착하는 것이고 법이라는 관념을 가지면 자아·개아·중생·영혼에 집착하는 것이기 때문이다. 왜냐하면 법이 아니라는 관념을 가져도 자아·개아·중생·영혼에 집착하는 것이기 때문이다.

⑦

법중심~ 생각해도 자기중심 인간중심 중생중심 생명중심 생각하는 것입니다. 법중심~ 생각하지 아니한다 생각해도 자기중심 인간중심 중생중심 생명중심 생각하는 것이라고 말할수가 있습니다.

⑧

그러므로 법에 집착해도 안 되고 법 아닌 것에 집착해서도 안 된다.

⑧

보살들은 법중심~ 생각하지 아니하고 생각하지 않는다는 생각조차 않습니다.

⑨

그러기에 여래는 늘 설했다. 너희 비구들이여! 나의 설법은 뗏목과 같은 줄 알아라. 법도 버려야 하거늘 하물며 법 아닌 것이랴!"

⑨

여래말을 뗏목같이 여기도록 하십시오. 법중심~ 생각에도 걸리지~ 아니하고 걸리지~ 않는다는 생각도~ 마십시오.

21

七. 무득무설분 無得無說分

조계종/구마라집 한문본	무비·대심 한문본
①	①
須菩提 於意云何 수보리 어의운하	須菩提 於意云何 수보리 어의운하
~~ 如來得 阿耨多羅三藐三菩提耶 여래득 아누다라삼먁삼보리야	有法 如來得 阿耨多羅三藐三菩提耶 유법 여래득 아누다라삼먁삼보리야
~~ 如來有 所說法耶 여래유 소설법야	有法 如來有 所說法耶? 유법 여래유 소설법야
②	②
須菩提言 ~~~~ 如我解佛所說義 無有定法 수보리언 여아해불소설의 무유정법	世尊 如我解佛所說義 無有定法 세존 여아해불소설의 무유정법
名阿耨多羅三藐三菩提 亦 無有定法 如來可說 명아누다라삼먁삼보리 역 무유정법 여래가설	名阿耨多羅三藐三菩提 亦 無有定法 如來可說. 명아누다라삼먁삼보리 역 무유정법 여래가설
③	③
何以故 如來所說法 皆不可取 不可說 하이고 여래소설법 개불가취 불가설	何以故 如來所說法 皆不可取 不可說. 하이고 여래소설법 개불가취 불가설
④	④
非法 非非法 비법 비비법	非法 非非法. 비법 비비법
⑤	⑤
所以者何 一切賢聖 皆以無爲法 而有差別 소이자하 일체현성 개이무위법 이유차별	所以者何 一切賢聖 皆以無爲法 而有差別. 소이자하 일체현성 개이무위법 이유차별

7장 깨달음이나 설법에 걸리지 않음

조계종 한글본	가사체 금강경
①	①
"수보리여! 그대 생각은 어떠한가? 여래가 가장 높고 바른 깨달음을 얻었는가? 여래가 설한 법이 있는가?"	수보리~ 장로님~ 어찌생각 하십니까? '최고바른 깨달음을 온전하게 이루었다' 여래가~ 이런생각 한다할수 있습니까? '부처님의 거룩한법 널리널리 전하였다' 여래가~ 이런생각 한다할수 있습니까?
②	②
수보리가 대답하였습니다. "제가 부처님께서 말씀하신 뜻을 이해하기로는 가장 높고 바른 깨달음이라 할 만한 정해진 법이 없고 또한 여래께서 설한 단정적인 법도 없습니다.	거룩하신 부처님~ 거룩하신 부처님~ 제가지금 부처님의 말씀이해 하기로는 '최고바른 깨달음을 온전하게 이루었다' 부처님은 그런생각 하시지~ 않습니다. '부처님의 거룩한법 널리널리 전하였다' 부처님은 그런생각 하시지~ 않습니다.
③	③
왜냐하면 여래께서 설한 법은 모두 얻을 수도 없고 설할 수도 없으며,	이루었다 생각도~ 부처님은 않으시고 전하였다 생각도~ 부처님은 않습니다.
④	④
법도 아니고 법아님도 아니기 때문입니다.	부처님은 법에도~ 걸리지~ 않으시고 걸리지~ 않는다는 생각도~ 않습니다.
⑤	⑤
그것은 모든 성현들이 다 무위법 속에서 차이가 있는 까닭입니다."	내자신은 하였다는 생각에서 벗어나야 참~된~ 성현이라 말할수가 있습니다.

八. 의법출생분 依法出生分

조계종/구마라집 한문본	무비·대심 한문본
①	①
須菩提 於意云何 若人滿三千大千世界七寶 以用布施 수보리 어의운하 약인만삼천대천세계칠보 이용보시 是人所得福德 寧爲多 不 시인소득복덕 영위다 부	須菩提 於意云何 若人滿三千大千世界七寶 以用布施 수보리 어의운하 약인만삼천대천세계칠보 이용보시 是人所得福德 寧爲多 不? 시인소득복덕 영위다 부
② 수보리	② 수보리
須菩提言 甚多 世尊 何以故 是福德 卽非福德性 수보리언 심다 세존 하이고 시복덕 즉비복덕성 是故 如來說 福德多 시고 여래설 복덕다	甚多 世尊 何以故 是福德 卽非福德性 심다 세존 하이고 시복덕 즉비복덕성 是故 如來說 福德多. 시고 여래설 복덕다
③ 부처님?	③ 부처님
~~ 若復有人 於此經中 受持 乃至 약부유인 어차경중 수지 내지 四句偈等 爲他人說 其福勝彼 사구게등 위타인설 기복승피	須菩提 若復有人 於此經中 受持 乃至 수보리 약부유인 어차경중 수지 내지 四句偈等 爲他人說 其福勝彼. 사구게등 위타인설 기복승피
④	④
何以故 須菩提 一切諸佛 及 하이고 수보리 일체제불 급 諸佛阿耨多羅三藐三菩提法 皆從此經出 제불아누다라삼먁삼보리법 개종차경출	何以故 須菩提 一切諸佛 及 하이고 수보리 일체제불 급 諸佛阿耨多羅三藐三菩提法 皆從此經出. 제불아누다라삼먁삼보리법 개종차경출
⑤	⑤
須菩提 所謂 佛法者 卽非佛法 ~~~~~~~ 수보리 소위 불법자 즉비불법	須菩提 所謂 佛法者 卽非佛法 是名佛法. 수보리 소위 불법자 즉비불법 시명불법

8장 금강경과 깨달음

조계종 한글본	가사체 금강경
①	①
"수보리여! 그대 생각은 어떠한가? 어떤 사람이 삼천대천세계에 칠보를 가득 채워 보시한다면 이 사람의 복덕이 진정 많겠는가?"	수보리~ 장로님~ 어찌생각 하십니까? 삼천대천 세계만큼 금은보화 보시하는 사람들이 짓게되는 복덕들은 많습니까?
②	②
수보리가 대답하였습니다. "매우 많습니다, 세존이시여! 왜냐하면 이 복덕은 바로 복덕의 본질이 아닌 까닭에 여래께서는 복덕이 많다고 하셨기 때문입니다." (왜냐하면 : 여기에서의 뜻은 '그러나'입니다)	많습니다 부처님~ 그렇지만 말씀하신 많은복을 짓고서도 지었다고 아니해야 참으로~ 지었다고 말할수가 있습니다.
③	③
"다시 어떤 사람이 이 경의 사구게만이라도 받고 지니고 다른 사람을 위해 설해 준다고 하자. 그러면 이 복이 저 복보다 더 뛰어나다.	수보리~ 장로님~ 이법문의 사구게를 하나라도 받아지녀 널리널리 전해주는 사람들이 짓는복이 훨씬더~ 많습니다.
④	④
왜냐하면 수보리여! 모든 부처님과 모든 부처님의 가장 높고 바른 깨달음의 법은 다 이 경에서 나왔기 때문이다.	수보리~ 장로님~ 수보리~ 장로님~ 일체모든 부처님의 최고바른 깨달음은 이경에서 나왔다고 말할수가 있습니다.
⑤	⑤
수보리여! 부처의 가르침이라고 말하는 것은 부처의 가르침이 아니다. 　　　　　　~~~~~~~~~~"	수보리~ 장로님~ 부처님의 바른법을 깨닫고도 깨달았다 생각하지 아니해야 참으로~ 깨달았다 말할수가 있습니다.

九. 일상무상분 一相無相分

조계종/구마라집 한문본	무비·대심 한문본
①	①
須菩提 於意云何 須陁洹 能作是念 我得須陁洹果 不 수보리 어의운하 수다원 능작시념 아득수다원과 부	須菩提 於意云何 須陁洹 能作是念 我得須陁洹果 不? 수보리 어의운하 수다원 능작시념 아득수다원과 부
②	②
須菩提言 不也 世尊 何以故 須陁洹 名爲入流 而無所入 <u>수보리언</u> 불야 세존 하이고 수다원 명위입류 이무소입	不也 世尊 何以故 須陁洹 名爲入流 而無所入 불야 세존 하이고 수다원 명위입류 이무소입
~~ 不入色聲香味觸法 是名須陁洹 불입색성향미촉법 시명수다원	是名須陁洹. 不入色聲香味觸法 是名須陁洹. <u>시명수다원</u> 불입색성향미촉법 시명수다원
③	③
須菩提 於意云何 斯陁含 能作是念 수보리 어의운하 사다함 능작시념	須菩提 於意云何 斯陁含 能作是念 수보리 어의운하 사다함 능작시념
我得斯陁含果 不 아득사다함과 부	我得斯陁含果 不? 아득사다함과 부
④	④
須菩提言 不也 世尊 何以故 斯陁含名一往來而實無往來 <u>수보리언</u> 불야 세존 하이고 사다함명일왕래이실무왕래	不也 世尊 何以故 斯陁含 名一往來 而實無往來 불야 세존 하이고 사다함 명일왕래 이실무왕래
是名斯陁含 시명사다함	是名斯陁含. 시명사다함

9장 지위에 걸리지 않음

조계종 한글본	가사체 금강경
①	①
"수보리여! 그대 생각은 어떠한가? 수다원이 '나는 수다원과를 얻었다.'고 생각하겠는가?	수보리~ 장로님~ 어찌생각 하십니까? '나는이제 수다원을 온전하게 이루었다' 수다원이 이런생각 한다할수 있습니까?
②	②
수보리가 대답하였습니다. "아닙니다, 세존이시여! 왜냐하면 수다원은 '성자의 흐름에 든 자'라고 불리지만 들어간 곳이 없으니 ~~~~~~~~~~~~~~ 형색, 소리, 냄새, 맛, 감촉, 마음의 대상에 들어가지 않는 것을 수다원이라 하기 때문입니다."	아닙니다 부처님~ 그리생각 않습니다. 세상흐름 뛰어넘은 수다원을 이루고도 수다원을 이루었다 생각하지 아니해야 참으로~ 이루었다 말할수가 있습니다. 형상소리 냄새맛촉 현상들을 빠짐없이 모두뛰어 넘었다고 생각하지 아니해야 수다원을 이루었다 말할수가 있습니다.
③	③
"수보리여! 그대 생각은 어떠한가? 사다함이 '나는 사다함과를 얻었다.'고 생각하겠는가?"	수보리~ 장로님~ 어찌생각 하십니까? '나는이제 사다함을 온전하게 이루었다' 사다함이 이런생각 한다할수 있습니까?
④	④
수보리가 대답하였습니다. "아닙니다, 세존이시여! 왜냐하면 사다함은 '한 번만 돌아올 자'라고 불리지만 실로 돌아옴이 없는 것을 사다함이라 하기 때문입니다."	아닙니다 부처님~ 그리생각 않습니다. 세상으로 한번만올 사다함을 이루고도 사다함을 이루었다 생각하지 아니해야 참으로~ 이루었다 말할수가 있습니다.

⑤

須菩提 於意云何 阿那含 能作是念 我得阿那含果 不?
수보리 어의운하 아나함 능작시념 아득아나함과 부

⑤

須菩提 於意云何 阿那含 能作是念 我得阿那含果 不?
수보리 어의운하 아나함 능작시념 아득아나함과 부

⑥

須菩提言 不也世尊 何以故 阿那含 名爲不來 而實無不來
수보리언 불야 세존 하이고 아나함 명위불래 이실무불래

是故 名阿那含
시고 명아나함

⑥

不也 世尊 何以故 阿那含 名爲不來 而實無不來
불야 세존 하이고 아나함 명위불래 이실무불래

是故 名阿那含.
시고 명아나함

⑦

須菩提 於意云何 阿羅漢 能作是念 我得阿羅漢道 不
수보리 어의운하 아라한 능작시념 아득아라한도 부

⑦

須菩提 於意云何 阿羅漢 能作是念 我得阿羅漢道 不?
수보리 어의운하 아라한 능작시념 아득아라한도 부

⑧

須菩提言 不也 世尊. 何以故 實無有法 名阿羅漢
수보리언 불야 세존 하이고 실무유법 명아라한

⑧

不也 世尊 何以故 實無有法 名阿羅漢.
불야 세존 하이고 실무유법 명아라한

⑨

世尊 若阿羅漢作是念 我得阿羅漢道
세존 약아라한작시념 아득아라한도

即爲着我人衆生壽者
즉위착아인중생수자

⑨

世尊 若阿羅漢作是念 我得阿羅漢道
세존 약아라한작시념 아득아라한도

即爲着我人衆生壽者.
즉위착아인중생수자

⑤	⑤
"수보리여! 그대 생각은 어떠한가? 아나함이 '나는 아나함과를 얻었다.'고 생각하겠는가?"	수보리~ 장로님~ 어찌생각 하십니까? '나는이제 아나함을 온전하게 이루었다' 아나함이 이런생각 한다할수 있습니까?
⑥	⑥
수보리가 대답하였습니다. "아닙니다, 세존이시여! 왜냐하면 아나함은 '되돌아오지 않는 자'라고 불리지만 실로 되돌아오지 않음이 없는 것을 아나함이라 하기 때문입니다."	아닙니다 부처님~ 그리생각 않습니다. 세상으로 안돌아올 아나함을 이루고도 아나함을 이루었다 생각하지 아니해야 참으로~ 이루었다 말할수가 있습니다
⑦	⑦
"수보리여! 그대 생각은 어떠한가? 아라한이 '나는 아라한의 경지를 얻었다.'고 생각하겠는가?"	수보리~ 장로님~ 어찌생각 하십니까? '나는이제 아라한을 온전하게 이루었다' 아라한이 이런생각 한다할수 있습니까?
⑧	⑧
수보리가 대답하였습니다. "아닙니다, 세존이시여! 왜냐하면 실제 아라한이라 할 만한 법이 없기 때문입니다.	아닙니다 부처님~ 그런생각 아니해야 참으로~ 이루었다 말할수가 있습니다.
⑨	⑨
세존이시여! 아라한이 '나는 아라한의 경지를 얻었다.'고 생각한다면 자아 · 개아 · 중생 · 영혼에 집착하는 것입니다.	거룩하신 부처님~ 거룩하신 부처님~ 아라한을 이루었다 생각하는 아라한은 자기중심 인간중심 중생중심 생명중심 생각들에 걸려있다 말할수가 있습니다.

⑩

世尊　佛說　我得無諍三昧人中　寂爲第一
세존　불설　아득무쟁삼매인중　최위제일

是第一　離欲阿羅漢　~~~　我不作是念　我是離欲阿羅漢
시제일　이욕아라한　　　아불작시념　아시이욕아라한

⑪⑫

世尊　我若作是念　我得阿羅漢道
세존　아약작시념　아득아라한도

世尊　則不說 "須菩提　是樂阿蘭那行者
세존　즉불설　수보리　시요아란나행자

以須菩提實無所行　而名須菩提　是樂阿蘭那行"
이수보리실무소행　이명수보리　시요아란나행

⑩

世尊　佛說　我得無諍三昧人中　寂爲第一
세존　불설　아득무쟁삼매인중　최위제일

是第一　離欲阿羅漢　而我不作是念　我是離欲阿羅漢.
시제일　이욕아라한　이아부작시념　아시이욕아라한

⑪

世尊　我若作是念　我得阿羅漢道
세존　아약작시념　아득아라한도

世尊　則不說　須菩提　是樂阿蘭那行者.
세존　즉불설　수보리　시요아란나행자

⑫

以須菩提實無所行　而名須菩提　是樂阿蘭那行.
이수보리실무소행　이명수보리　시요아란나행

ⓟ

세존이시여! 부처님께서 저를
다툼 없는 삼매를 얻은 사람 가운데 제일이고
욕망을 여읜 제일가는 아라한이라고
말씀하셨습니다. 〜〜〜〜〜〜〜
저는 '나는 욕망을 여읜 아라한이다.'라고
생각하지 않습니다.

ⓟ

거룩하신 부처님〜 거룩하신 부처님〜
'참으로〜 평화롭게 살고있는 아라한〜'
'탐욕에서 벗어나서 자유로운 아라한〜'
부처님은 저를보고 그리말씀 하셨으나
'탐욕에서 벗어나서 아라한을 이루었다'
제자신은 그러한〜 생각아니 했습니다.

ⓠⓡ

세존이시여! 제가
'나는 아라한의 경지를 얻었다.'고 생각한다면
세존께서는 '수보리는 적정행을 즐기는 사람이다.

<여기에 "설하지 않으셨을 것입니다."가 있어야 합니다.>

수보리는 실로 적정행을 한 것이 없으므로
수보리는 적정행을 즐긴다고
말한다.'라고 설하지 않으셨을 것입니다."

* 언해본, 용성본, 백성욱본, 탄허본에서는 모두 가사체 식으로(ⓠ절과 ⓡ절 분리) 되어 있습니다.
 Conze의 오류가 그대로 반영되었습니다.

ⓠ

거룩하신 부처님〜 거룩하신 부처님〜
아라한을 이루었다 제가생각 했더라면
'참으로〜 평화롭게 살고있는 아라한〜'
부처님이 제게말씀 않으셨을 것입니다.

ⓡ

아라한을 이루었다 제가생각 않았기에
'참으로〜 평화롭게 살고있는 아라한〜'
부처님이 제게말씀 하시었던 것입니다.

十. 장엄정토분 莊嚴淨土分

조계종/구마라집 한문본	무비·대심 한문본

①

佛告　須菩提　於意云何　如來昔在　然燈佛所
불고　수보리　어의운하　여래석재　연등불소

於法　有所得　~~~~~~~~~　不
어법　유소득　　　　　　부

①

須菩提　於意云何　如來昔在　然燈佛所
수보리　어의운하　여래석재　연등불소

於法　有所得　阿耨多羅三藐三菩提　不?
어법　유소득　아누다라삼먁삼보리　부

②

不也　世尊　如來在　然燈佛所
불야　세존　여래재　연등불소

於法　實無所得　~~~~~~~~~
어법　실무소득

②

不也　世尊　如來在　然燈佛所
불야　세존　여래재　연등불소

於法　實無所得　阿耨多羅三藐三菩提.
어법　실무소득　아누다라삼먁삼보리

③ 부처님

須菩提　於意云何　菩薩　莊嚴佛土　不
수보리　어의운하　보살　장엄불토　부

③-2 수보리

不也　世尊
불야　세존

③ 부처님

須菩提　若菩薩　作如是言　我當　莊嚴佛土
수보리　약보살　작여시언　아당　장엄불토

彼菩薩　不實語.
피보살　불실어

④ 수보리

何以故　莊嚴佛土者　則非莊嚴　是名莊嚴
하이고　장엄불토자　즉비장엄　시명장엄

④ 부처님

何以故　莊嚴佛土者　則非莊嚴　是名莊嚴.
하이고　장엄불토자　즉비장엄　시명장엄

10장 불국토 장엄

조계종 한글본	가사체 금강경
①	①
부처님께서 수보리에게 말씀하셨습니다. "그대 생각은 어떠한가? 여래가 옛적에 연등부처님 처소에서 법을 얻은 것이 있는가?"	수보리~ 장로님~ 어찌생각 하십니까? 과거연등 부처님을 모시고~ 있을때에 '다음생에 최고바른 깨달음을 이룰거라' 여래가~ 생각했다 말할수가 있습니까?
②	②
"없습니다, 세존이시여! 여래께서 연등부처님 처소에서 실제로 법을 얻은 것이 없습니다."	아닙니다 부처님~ 그리생각 않습니다. 과거연등 부처님을 모시고~ 계실때에 '다음생에 최고바른 깨달음을 이룰거라' 부처님은 그렇게~ 생각않으 셨습니다.
③-1 부처님	③ 부처님
"수보리여! 그대 생각은 어떠한가? 보살이 불국토를 아름답게 꾸미는가?"	수보리~ 장로님~ '불국토를 장엄했다' 여래가~ 이런생각 한다하는 보살들은
③-2 수보리	
"아닙니다, 세존이시여!	바른말을 하고있다 말할수가 없습니다.
④ 수보리	④ 부처님
왜냐하면 불국토를 아름답게 꾸민다는 것은 아름답게 꾸미는 것이 아니므로 아름답게 꾸민다고 말하기 때문입니다."	불국토를 장엄하되 장엄했다 아니해야 참으로~ 장엄했다 말할수가 있습니다.

33

⑤ 부처님

是故　湏菩提　諸菩薩摩訶薩　應如是生淸淨心
시고　수보리　제보살마하살　응여시생청정심

不應住色生心　不應住聲香味觸法生心
불응주색생심　불응주성향미촉법생심

應無所住　而生其心
응무소주　이생기심

⑥

湏菩提　譬如有人　身如湏彌山王　於意云何　是身爲大　不
수보리　비여유인　신여수미산왕　어의운하　시신위대　부

⑦

湏菩提言　甚大　世尊　何以故　佛說　非身　是名大身
수보리언　심대　세존　하이고　불설　비신　시명대신

⑤ 부처님

是故　湏菩提　諸菩薩摩訶薩　應如是生淸淨心.
시고　수보리　제보살마하살　응여시생청정심

不應住色生心　不應住聲香味觸法生心.
불응주색생심　불응주성향미촉법생심

應無所住　而生其心.
응무소주　이생기심

⑥

湏菩提　譬如有人　身如湏彌山王　於意云何　是身爲大　不?
수보리　비여유인　신여수미산왕　어의운하　시신위대　부

⑦

甚大　世尊　何以故　佛說　非身　是名大身.
심대　세존　하이고　불설　비신　시명대신

⑤

"그러므로 수보리여! 모든 보살마하살은
이와 같이 깨끗한 마음을 내어야 한다.
형색에 집착하지 않고 마음을 내어야 하고 소리, 냄새, 맛, 감촉,
마음의 대상에도 집착하지 않고 마음을 내어야 한다.
마땅히 집착 없이 그 마음을 내어야 한다.

⑥

수보리여! 어떤 사람의 몸이
산들의 왕 수미산만큼 크다면 그대 생각은 어떠한가?
그 몸이 크다고 하겠는가?"

⑦

수보리가 대답하였습니다.
"매우 큽니다, 세존이시여!
왜냐하면 부처님께서는
몸 아님을 설하셨으므로
큰 몸이라 말씀하셨기 때문입니다."
(왜냐하면 : 여기에서는 '그러나'의 뜻입니다)

⑤

수보리~ 장로님~ 일체모든 보살들은
깨끗하고 맑은마음 청정심을 갖습니다.
형상소리 냄새맛촉 현상들에 안걸리며

어디에도 안걸리는 청정심을 갖습니다.

⑥

수보리~ 장로님~ 수보리~ 장로님~
수미산과 같은사람 어찌생각 하십니까?
존귀하다 말할수가 있다생각 하십니까?

⑦

거룩하신 부처님~ 거룩하신 부처님~
매우매우 존귀하게 보일수도 있지마는
스스로~ 존귀하다 생각하지 아니해야
참으로~ 존귀하다 말할수가 있습니다.

十一. 무위복승분 無爲福勝分

조계종/구마라집 한문본	무비·대심 한문본
①	①
須菩提　如恒河中所有沙數　如是沙等恒河　於意云何 수보리　여강가중소유사수　여시사등강가　어의운하 是諸恒河沙　寧爲多　不 시제강가사　영위다　부	須菩提　於意云何　如恒河中所有沙數　如是沙等恒河 수보리　어의운하　여강가중소유사수　여시사등강가 是諸恒河沙　寧爲多　不? 시제강가사　영위다　부
②	②
須菩提言　甚多　世尊　但諸恒河　尚多無數　何況其沙 수보리언　심다　세존　단제강가　상다무수　하황기사	甚多　世尊　但諸恒河　尚多無數　何況其沙. 심다　세존　단제강가　상다무수　하황기사
③	③
須菩提　我今　實言告汝　若有善男子　善女人　以七寶 수보리　아금　실언고여　약유선남자　선여인　이칠보 滿爾所恒河沙數　三千大千世界　以用布施　得福多　不 만이소강가사수　삼천대천세계　이용보시　득복다　부	須菩提　我今　實言告汝.　若有善男子善女人　以七寶 수보리　아금　실언고여　약유선남자선여인　이칠보 滿爾所恒河沙數　世界　以用布施　得福多　不? 만이소강가사수　세계　이용보시　득복다　부
④	④
須菩提言　甚多　世尊 수보리언　심다　세존	甚多　世尊. 심다　세존
⑤	⑤
佛告　須菩提　若善男子　善女人　於此經中 불고　수보리　약선남자　선여인　어차경중 乃至　受持　四句偈等　爲他人說　而此福德　勝前福德 내지　수지　사구게등　위타인설　이차복덕　승전복덕	須菩提　若善男子善女人　於此經中 수보리　약선남자선여인　어차경중 乃至　受持　四句偈等　爲他人說　而此福德　勝前福德. 내지　수지　사구게등　위타인설　이차복덕　승전복덕

11장 무위의 큰 복덕

조계종 한글본	가사체 금강경
①	①
"수보리여! 항하의 모래 수만큼 항하가 있다면 그대 생각은 어떠한가? 이 모든 항하의 모래 수는 진정 많다고 하겠는가?"	수보리~ 장로님~ 어찌생각 하십니까? 강가강에 있는모든 모래알과 같은수의 강가강의 모래수는 많다할수 있습니까?
②	②
수보리가 대답하였습니다. "매우 많습니다, 세존이시여! 항하들만 해도 헤아릴 수 없이 많은데 하물며 그것의 모래이겠습니까?"	많습니다 부처님~ 매우매우 많습니다. 강가강의 모래알도 셀수없이 많은데~ 그만큼의 강가강에 있는모든 모래수는 상상조차 못할만큼 매우매우 많습니다.
③	③
"수보리여! 내가 지금 진실한 말로 그대에게 말한다. 선남자 선여인이 그 항하 모래 수만큼의 삼천대천세계에 칠보를 가득 채워 보시한다면 그 복덕이 많겠는가?"	수보리~ 장로님~ 진실말씀 드립니다. 그모든~ 강가강의 모래알과 같은수의 세계들을 채울만큼 금은보화 보시하는 선남자와 선여인이 짓는복은 많습니까?
④	④
수보리가 대답하였습니다. "매우 많습니다, 세존이시여!"	많습니다 부처님~ 매우매우 많습니다.
⑤	⑤
부처님께서 수보리에게 말씀하셨습니다. "선남자 선여인이 이 경의 사구게만이라도 받고 지니고 다른 사람을 위해 설해 준다면 이 복이 저 복보다 더 뛰어나다."	수보리~ 장로님~ 수보리~ 장로님~ 이법문의 사구게를 하나라도 받아지녀 널리널리 전해주는 선남자와 선여인이 짓는복이 그보다도 훨씬더~ 많습니다.

十二. 존중정교분 尊重正教分

조계종/구마라집 한문본	무비·대심 한문본

①

復次 湏菩提 隨說是經 乃至 四句偈等 當知
부차 수보리 수설시경 내지 사구게등 당지

此處 一切世間 天 人 阿修羅 皆應供養 如佛塔廟
차처 일체세간 천 인 아수라 개응공양 여불탑묘

①

復次 湏菩提 隨說是經 乃至 四句偈等 當知
부차 수보리 수설시경 내지 사구게등 당지

此處 一切世間 天 人 阿修羅 皆應供養 如佛塔廟.
차처 일체세간 천 인 아수라 개응공양 여불탑묘

②

何況有人 盡能受持讀誦 ~~~~~~~
하황유인 진능수지독송

②

何況有人 盡能受持讀誦 爲他人說.
하황유인 진능수지독송 위타인설

③

湏菩提 當知 是人 成就最上 第一希有之法
수보리 당지 시인 성취최상 제일희유지법

③

湏菩提 當知 是人 成就最上 第一希有功德.
수보리 당지 시인 성취최상 제일희유공덕

④

若是經典 所在之處 則爲有佛 若尊重弟子
약시경전 소재지처 즉위유불 약존중제자

④

若是經典 所在之處 則爲有佛 若尊重弟子.
약시경전 소재지처 즉위유불 약존중제자

12장 금강경 존중

조계종 한글본	가사체 금강경
①	①
"또한 수보리여! 이 경의 사구게만이라도 설해지는 곳곳마다 어디든지 모든 세상의 천신·인간·아수라가 마땅히 공양할 부처님의 탑묘임을 알아야 한다.	수보리~ 장로님~ 수보리~ 장로님~ 이법문의 사구게를 하나라도 전해주면 온세상의 하느님과 사람들과 아수라가 부처님의 탑에하듯 공양올릴 것입니다.
②	②
하물며 이 경 전체를 받고 지니고 읽고 외우~~~~~~는 사람이랴!	하물며~ 이법문을 받아지녀 독송하며 전해주며 짓는복은 상상조차 못합니다.
③	③
수보리여! 이 사람은 가장 높고 가장 경이로운 법을 성취할 것임을 알아야 한다.	수보리~ 장로님~ 수보리~ 장로님~ 이사람이 짓는복은 참으로~ 많습니다.
④	④
이와 같이 경전이 있는 곳은 부처님과 존경받는 제자들이 계시는 곳이다."	이법문이 전해지고 있는곳은 어디에나 부처님과 제자들이 항상함께 계십니다.

十三. 여법수지분 如法受持分

조계종/구마라집 한문본	무비·대심 한문본
①	①
爾時 須菩提白佛言 世尊 當何名此經 我等云何奉持 이시 수보리백불언 세존 당하명차경 아등운하봉지	世尊 當何名此經 我等云何奉持? 세존 당하명차경 아등운하봉지
②	②
佛告 須菩提 是經 名爲 金剛般若波羅蜜 불고 수보리 시경 명위 금강반야바라밀 以是名字 汝當奉持 이시명자 여당봉지	須菩提 是經 名爲 金剛般若波羅蜜 수보리 시경 명위 금강반야바라밀 以是名字 汝當奉持. 이시명자 여당봉지
③	③
所以者何 須菩提 佛說 般若波羅蜜 則非般若波羅蜜 소이자하 수보리 불설 반야바라밀 즉비반야바라밀 是名般若波羅蜜 시명반야바라밀	所以者何 須菩提 佛說 般若波羅蜜 則非般若波羅蜜 소이자하 수보리 불설 반야바라밀 즉비반야바라밀 是名般若波羅蜜 시명반야바라밀
④	④
須菩提 於意云何 如來有所說法 不 수보리 어의운하 여래유소설법 부	須菩提 於意云何 如來有所說法 不? 수보리 어의운하 여래유소설법 부
⑤	⑤
須菩提白佛言 ～～～～～ 世尊 如來無所說 수보리백불언 세존 여래무소설	不也 世尊 如來無所說. 불야 세존 여래무소설

13장 금강경을 받아 지니는 법

조계종 한글본	가사체 금강경
①	①
그때 수보리가 부처님께 여쭈었습니다. "세존이시여! 이 경을 무엇이라 불러야 하며 저희들이 어떻게 받들어 지녀야 합니까?"	거룩하신 부처님~ 이경이름 무엇이며 어떻게~ 받들어~ 지니어야 하옵니까?
②	②
부처님께서 수보리에게 말씀하셨습니다. "이 경의 이름은 '금강반야바라밀'이니 이 제목으로 너희들은 받들어 지녀야 한다.	수보리~ 장로님~ 수보리~ 장로님~ 이경이름 금강반야 바라밀경 이라하며 다음같이 받들어~ 지니어야 하옵니다.
③	③
그것은 수보리여! 여래는 반야바라밀을 반야바라밀이 아니라 설하였으므로 반야바라밀이라 말한 까닭이다.	수보리~ 장로님~ 금강반야 바라밀을 수행하되 수행했다 생각하지 아니해야 참으로~ 수행했다 말할수가 있습니다.
④	④
수보리여! 그대 생각은 어떠한가? 여래가 설한 법이 있는가?"	수보리~ 장로님~ 어찌생각 하십니까? '부처님의 거룩한법 널리널리 전하였다' 여래가~ 이런생각 한다할수 있습니까?
⑤	⑤
수보리가 부처님께 말씀드렸습니다. "세존이시여! 여래께서는 설한 법이 ~~~~~ 없습니다."	아닙니다 부처님~ 그리생각 않습니다. 부처님은 그런생각 하시지~ 않습니다.

⑥ (좌)

須菩提　於意云何　三千大千世界所有微塵　是爲多　不
수보리　어의운하　삼천대천세계소유미진　시위다　부

⑦-1 수보리

須菩提言　甚多　世尊
수보리언　심다　세존

⑦-2 부처님

～～～～　須菩提　諸微塵　如來說　非微塵　是名微塵
　　　　　　수보리　제미진　여래설　비미진　시명미진

⑧ 부처님

如來說　世界　非世界　是名世界
여래설　세계　비세계　시명세계

⑨ 부처님

須菩提　於意云何　可以三十二相　見如來　不
수보리　어의운하　가이삼십이상　견여래　부

⑩

不也　世尊　不可　以三十二相　得見如來
불야　세존　불가　이삼십이상　득견여래

⑪

何以故　如來說　三十二相　卽是非相　是名三十二相
하이고　여래설　삼십이상　즉시비상　시명삼십이상

⑫

須菩提　若有善男子　善女人　以恒河沙等　身命布施.
수보리　약유선남자　선여인　이항가사등　신명보시

若復有人　於此經中　乃至　受持　四句偈等　爲他人說
약부유인　어차경중　내지　수지　사구게등　위타인설

其福甚多　～～～～～～～
기복심다

---

⑥ (우)

須菩提　於意云何　三千大千世界所有微塵　是爲多　不?
수보리　어의운하　삼천대천세계소유미진　시위다　부

⑦ 수보리

甚多　世尊
심다　세존

何以故　諸微塵　如來說　非微塵　是名微塵.
하이고　제미진　여래설　비미진　시명미진

⑧ 수보리

如來說　世界　非世界　是名世界.
여래설　세계　비세계　시명세계

⑨ 부처님

須菩提　於意云何　可以三十二相　見如來　不?
수보리　어의운하　가이삼십이상　견여래　부

⑩

不也　世尊　不可　以三十二相　得見如來.
불야　세존　불가　이삼십이상　득견여래

⑪

何以故　如來說　三十二相　卽是非相　是名三十二相.
하이고　여래설　삼십이상　즉시비상　시명삼십이상

⑫

須菩提　若有人　以恒河沙等　身命布施
수보리　약유인　이항가사등　신명보시

若復有人　於此經中　乃至　受持　四句偈等　爲他人說
약부유인　어차경중　내지　수지　사구게등　위타인설

其福甚多　於前福德.
기복심다　어전복덕

⑥	⑥
"수보리여! 그대 생각은 어떠한가? 삼천대천세계를 이루고 있는 티끌이 많다고 하겠는가?"	수보리~ 장로님~ 어찌생각 하십니까? 삼천대천 세계이룬 티끌들은 많습니까?
⑦-1 수보리	⑦ 수보리
수보리가 대답하였습니다. "매우 많습니다, 세존이시여!"	많습니다 부처님~ 그렇지만 말씀하신
⑦-2 부처님	많은티끌 보면서도 실체라고 아니봐야
"수보리여! 여래는 티끌들을 티끌이 아니라고 설하였으므로 티끌이라 말한다.	참으로~ 본다고~ 말할수가 있습니다.
⑧ 부처님	⑧ 수보리
여래는 세계를 세계가 아니라고 설하였으므로 세계라고 말한다.	세계들을 보면서도 실체라고 아니봐야 참으로~ 본다고~ 말할수가 있습니다.
⑨ 부처님	⑨ 부처님
수보리여! 그대 생각은 어떠한가? 서른두 가지 신체적 특징을 가지고 여래라고 볼 수 있는가?"	수보리~ 장로님~ 어찌생각 하십니까? 서른둘의 거룩한~ 상호들을 다갖추면 부처라고 말할수가 있다생각 하십니까?
⑩	⑩
"없습니다, 세존이시여! 서른두 가지 신체적 특징을 가지고 여래라고 볼 수는 없습니다.	아닙니다 부처님~ 그리생각 않습니다. 서른둘의 거룩한~ 상호들을 갖췄다고 반드시~ 부처라고 말할수는 없습니다.
⑪	⑪
왜냐하면 여래께서는 서른두 가지 신체적 특징은 신체적 특징이 아니라고 설하셨으므로 서른두 가지 신체적 특징이라고 말씀하셨기 때문입니다."	서른둘의 거룩한~ 상호들을 갖추어도 상호들을 갖추었다 생각하지 아니해야 참으로~ 갖추었다 말할수가 있습니다.
⑫	⑫
"수보리여! 어떤 선남자 선여인이 항하의 모래 수만큼 목숨을 보시한다고 하자. 또 어떤 사람이 이 경의 사구게 만이라도 받고 지니고 다른 사람을 위해 설해 준다고 하자. 그러면 이 복이 저 복보다 더욱 많으리라."	수보리~ 장로님~ 강가강의 모래만큼 여러차례 자기몸을 보시하는 복보다도 이법문의 사구게를 하나라도 받아지녀 전해주며 짓는복이 훨씬더~ 많습니다.

十四. 이상적멸분 離相寂滅分

조계종/구마라집 한문본	무비·대심 한문본
①	①
爾時 須菩提 聞說是經 深解義趣 涕淚悲泣 而白佛言 이시 수보리 문설시경 심해의취 체루비읍 이백불언	爾時 須菩提 聞說是經 深解義趣 涕淚悲泣 而白佛言. 이시 수보리 문설시경 심해의취 체루비읍 이백불언
②③④	②
希有 世尊 佛說 如是甚深經典 희유 세존 불설 여시심심경전	希有 世尊 佛說 如是甚深經典. 희유 세존 불설 여시심심경전
	③
我從昔來 所得慧眼 아종석래 소득혜안	我從昔來 所得慧眼. 아종석래 소득혜안
	④
未曾得聞 如是之經 미증득문 여시지경	未曾得聞 如是之經. 미증득문 여시지경
⑤	⑤
世尊 若復有人 得聞是經 信心淸淨 則生實相. 세존 약부유인 득문시경 신심청정 즉생실상	世尊 若復有人 得聞是經 則生實相. 세존 약부유인 득문시경 즉생실상
當知 是人成就第一 希有功德 당지 시인성취제일 희유공덕	當知 是人成就第一 希有功德. 당지 시인성취제일 희유공덕
⑥	⑥
世尊 是實相者 則是非相 是故 如來說 名實相 세존 시실상자 즉시비상 시고 여래설 명실상	世尊 是實相者 則是非相 是故 如來說 名實相. 세존 시실상자 즉시비상 시고 여래설 명실상

14장 분별에서 벗어난 적멸

조계종 한글본	가사체 금강경
①	①
그때 수보리가 이 경 설하심을 듣고 뜻을 깊이 이해하여 감격의 눈물을 흘리며 부처님께 말씀드렸습니다.	부처님의 법문듣고 감격눈물 흘리면서, 수보리~ 장로님이 말씀드리 셨습니다.
②③④	② 거룩하신 부처님~ 정말대단 하십니다. 부처님은 심오한법 설해주시 었습니다.
"경이롭습니다, 세존이시여! 제가 지금까지 얻은 혜안으로는 부처님께서 이같이 깊이 있는 경전 설하심을 들은 적이 없습니다.	③ 부처님의 법문듣고 지혜의눈 떴습니다. ④ 이런법문 단한번도 들어본적 없습니다.
⑤	⑤
세존이시여! 만일 어떤 사람이 이 경을 듣고 믿음이 청정해지면 바로 궁극적 지혜가 일어날 것이니, 이 사람은 가장 경이로운 공덕을 성취할 것임을 알아야 합니다.	거룩하신 부처님~ 이법문을 이해하는 사람들이 짓는복은 참으로~ 많습니다.
⑥	⑥
세존이시여! 이 궁극적 지혜라는 것은 궁극적 지혜가 아닌 까닭에 여래께서는 궁극적 지혜라고 말씀하셨습니다.	거룩하신 부처님~ 거룩하신 부처님~ 이법문을 이해하되 이해했다 아니해야 참으로~ 이해했다 말할수가 있습니다.

⑦

世尊 我今得聞 如是經典 信解受持 不足爲難
세존 아금득문 여시경전 신해수지 부족위난

若當來世 後五百歲 其有衆生
약당래세 후오백세 기유중생

得聞是經 信解受持 ~~~~~ 是人 則爲第一希有
득문시경 신해수지 시인 즉위제일희유

⑧

何以故 此人 無我相 人相 衆生相 壽者相
하이고 차인 무아상 인상 중생상 수자상

⑨

所以者何 我相 卽是非相 人相 衆生相 壽者相 卽是非相
소이자하 아상 즉시비상 인상 중생상 수자상 즉시비상

⑩

何以故 離一切諸相 則名諸佛
하이고 이일체제상 즉명제불

⑦

世尊 我今得聞 如是經典 信解受持 不足爲難
세존 아금득문 여시경전 신해수지 부족위난

若當來世 後五百歲 其有衆生
약당래세 후오백세 기유중생

得聞是經 信解受持讀誦 爲他人說 是人 則爲第一 希有.
득문시경 신해수지독송 위타인설 시인 즉위제일 희유

⑧

何以故 此人 無我相 人相 衆生相 壽者相.
하이고 차인 무아상 인상 중생상 수자상

⑨

所以者何 我相 卽是非相 人相 衆生相 壽者相 卽是非相.
소이자하 아상 즉시비상 인상 중생상 수자상 즉시비상

⑩

何以故 離一切諸相 則名諸佛.
하이고 이일체제상 즉명제불

⑦

세존이시여! 제가 지금 이 같은 경전을 듣고서 믿고
이해하고 받고 지니기는 어렵지 않습니다. 그러나
미래 오백년 뒤에도 어떤 중생이 이 경전을 듣고 믿고
이해하고 받고 지닌~~~~다면
이 사람은 가장 경이로울 것입니다.

⑦

거룩하신 부처님~ 제가지금 이법문을
이해하고 지니는건 어렵지가 않지마는
후오백년 이법문을 이해하고 받아지녀
독송하고 널리널리 설법하여 전해주는
사람들이 짓는복은 참으로~ 많습니다.

---

⑧

왜냐하면
이 사람은 자아가 있다는 관념, 개아가 있다는 관념,
중생이 있다는 관념, 영혼이 있다는 관념이 없기 때문입니다.

⑧

이러한~ 사람들은 자기중심 인간중심
중생중심 생명중심 생각않을 것입니다.

---

⑨

그것은 자아가 있다는 관념은 관념이 아니며, 개아가 있다는
관념, 중생이 있다는 관념, 영혼이 있다는 관념은
관념이 아닌 까닭입니다.

⑨

이러한~ 사람들은 자기중심 인간중심
중생중심 생명중심 생각들을 보면서도
실체라고 생각하지 아니할~ 것입니다.

---

⑩

왜냐하면
모든 관념을 떠난 이를 부처님이라 말하기 때문입니다."

⑩

모든생각 벗어나서 부처가될 것입니다.

⑪

佛告 湏菩提 如是如是 若復有人 得聞是經 不驚 不怖
불고 수보리 여시여시 약부유인 득문시경 불경 불포

不畏 當知 是人 甚爲希有
불외 당지 시인 심위희유

⑪

湏菩提 如是如是 若復有人 得聞是經 不驚 不怖 不畏
수보리 여시여시 약부유인 득문시경 불경 불포 불외

當知 是人 甚爲希有.
당지 시인 심위희유

⑫

何以故 湏菩提 如來說 第一波羅蜜 非第一波羅蜜
하이고 수보리 여래설 제일바라밀 비제일바라밀

是名第一波羅蜜
시명제일바라밀

⑫

何以故 湏菩提 如來說 第一波羅蜜 非第一波羅蜜
하이고 수보리 여래설 제일바라밀 비제일바라밀

是名第一波羅蜜.
시명제일바라밀

⑬

湏菩提 忍辱波羅蜜 如來說 非忍辱波羅蜜
수보리 인욕바라밀 여래설 비인욕바라밀

⑬

湏菩提 忍辱波羅蜜 如來說 非忍辱波羅蜜.
수보리 인욕바라밀 여래설 비인욕바라밀

⑭

何以故 湏菩提 如我昔爲歌利王 割截身體
하이고 수보리 여아석위가리왕 할절신체

我於爾時 無我相 無人相 無衆生相 無壽者相
아어이시 무아상 무인상 무중생상 무수자상

⑭

何以故 湏菩提 如我昔爲歌利王 割截身體
하이고 수보리 여아석위가리왕 할절신체

我於爾時 無我相 無人相 無衆生相 無壽者相.
아어이시 무아상 무인상 무중생상 무수자상

⑮

何以故 我於往昔節節支解時
하이고 아어왕석절절지해시

若有我相 人相 衆生相 壽者相 應生瞋恨
약유아상 인상 중생상 수자상 응생진한

⑮

何以故 我於往昔節節支解時
하이고 아어왕석절절지해시

若有我相 人相 衆生相 壽者相 應生瞋恨.
약유아상 인상 중생상 수자상 응생진한

⑪

부처님께서 수보리에게 말씀하셨습니다. "그렇다, 그렇다.
만일 어떤 사람이 이 경을 듣고 놀라지도 않고
무서워하지도 않고 두려워하지도 않는다면
이 사람은 매우 경이로운 줄 알아야 한다.

⑪

수보리~ 장로님~ 참으로~ 옳습니다.
이경듣고 놀라거나 두려워~ 하지않는

사람들이 짓는복은 참으로~ 많습니다.

⑫

왜냐하면 수보리여! 여래는 최고의 바라밀을
최고의 바라밀이 아니라고 설하였으므로
최고의 바라밀이라 말하기 때문이다.

⑫

수보리~ 장로님~ 바라밀을 매우잘~
수행하되 수행했다 생각하지 아니해야
참으로~ 수행했다 말할수가 있습니다.

⑬

수보리여! 인욕바라밀을
여래는 인욕바라밀이 아니라고 설하였다.

⑬

수보리~ 장로님~ 인욕수행 하면서도
인욕수행 하였다고 생각하면 안됩니다.

⑭

왜냐하면 수보리여!
내가 옛적에 가리왕에게 온 몸을 마디마디 잘렸을 때,
나는 자아가 있다는 관념, 개아가 있다는 관념,
중생이 있다는 관념, 영혼이 있다는 관념이 없었기 때문이다.

⑭

수보리~ 장로님~ 수보리~ 장로님~
가리왕이 여래몸을 베고찢고 할때에~
그때에도 여래는~ 자기중심 인간중심
중생중심 생명중심 생각아니 했습니다.

⑮

왜냐하면 내가 옛날 마디마디 사지가 잘렸을 때,
자아가 있다는 관념, 개아가 있다는 관념,
중생이 있다는 관념, 영혼이 있다는 관념이 있었다면
성내고 원망하는 마음이 생겼을 것이기 때문이다.

⑮

여래몸이 마디마디 베이고~ 찢길때에
그때에~ 여래가~ 자기중심 인간중심
중생중심 생명중심 생각들을 했더라면
여래도~ 성을내고 원망했을 것입니다.

⑯

須菩提　又念過去　於五百世　作忍辱仙人
수보리　우념과거　어오백세　작인욕선인

於爾所世　無我相　無人相　無衆生相　無壽者相
어이소세　무아상　무인상　무중생상　무수자상

⑰

是故　須菩提　菩薩　應離一切相　發阿耨多羅三藐三菩提心
시고　수보리　보살　응리일체상　발아누다라삼먁삼보리심

⑱

不應住色生心　不應住聲香味觸法生心
불응주색생심　불응주성향미촉법생심

⑲

應生無所住心　若心有住　則爲非住
응생무소주심　약심유주　즉위비주

⑳

是故　佛說　菩薩心　不應住色布施　～～～～～～～～
시고　불설　보살심　불응주색보시

⑯

須菩提　又念過去　於五百世　作忍辱仙人
수보리　우념과거　어오백세　작인욕선인

於爾所世　無我相　無人相　無衆生相　無壽者相.
어이소세　무아상　무인상　무중생상　무수자상

⑰

是故 須菩提 菩薩 應離一切相 發阿耨多羅三藐三菩提心.
시고 수보리 보살 응리일체상 발아누다라삼먁삼보리심

⑱

不應住色生心　不應住聲香味觸法生心.
불응주색생심　불응주성향미촉법생심

⑲

應生無所住心　若心有住　則爲非住.
응생무소주심　약심유주　즉위비주

⑳

是故　佛說　菩薩　不應住色布施　不應住聲香味觸法布施.
시고　불설　보살　불응주색보시　불응주성향미촉법보시

⑯	⑯
수보리여! 여래는 과거 오백 생 동안 인욕수행자였는데 그때 자아가 있다는 관념이 없었고, 개아가 있다는 관념이 없었고, 중생이 있다는 관념이 없었고, 영혼이 있다는 관념이 없었다.	수보리~ 장로님~ 수보리~ 장로님~ 인욕수행 하고있던 오백생애 동안에~ 그때에도 여래는~ 자기중심 인간중심 중생중심 생명중심 생각아니 했습니다.
⑰	⑰
그러므로 수보리여! 보살은 모든 관념을 떠나 가장 높고 바른 깨달음의 마음을 내어야 한다.	수보리~ 장로님~ 온갖생각 벗어나서 최고바른 깨달음을 온전하게 이루려는 큰마음을 보살들은 내야하는 것입니다.
⑱	⑱
형색에 집착 없이 마음을 내어야 하며 소리, 냄새, 맛, 감촉, 마음의 대상에도 집착 없이 마음을 내어야 한다.	형상소리 냄새맛촉 현상들에 안걸리는 큰마음을 보살들은 내야하는 것입니다.
⑲	⑲
마땅히 집착 없이 마음을 내어야 한다. 마음에 집착이 있다면 그것은 올바른 삶이 아니다.	어디에도 안걸리는 큰마음을 내야하며 아주작은 걸림에도 걸리면~ 안됩니다.
⑳	⑳
그러므로 보살은 형색~~~~~~~~에 집착 없는 마음으로 보시해야 한다고 여래는 설하였다.	보살들은 형상소리 냄새맛촉 현상들에 안걸리는 보시행을 해야하는 것입니다.

㉑

須菩提　菩薩　爲　利益一切衆生　應如是布施
수보리　보살　위　이익일체중생　응여시보시

須菩提　菩薩　爲　利益一切衆生　應如是布施.
수보리　보살　위　이익일체중생　응여시보시

㉒

如來說　一切諸相　卽是非相　又說　一切衆生　則非衆生
여래설　일체제상　즉시비상　우설　일체중생　즉비중생

如來說　此衆生相　卽是非相　又說　一切衆生　則非衆生.
여래설　차중생상　즉시비상　우설　일체중생　즉비중생

㉓

須菩提　如來　是眞語者　實語者　如語者
수보리　여래　시진어자　실어자　여어자

不誑語者　不異語者
불광어자　불이어자

須菩提　如來　是眞語者　實語者　如語者
수보리　여래　시진어자　실어자　여어자

不誑語者　不異語者.
불광어자　불이어자

㉔

須菩提　如來所得法　此法　無實　無虛
수보리　여래소득법　차법　무실　무허

須菩提　如來所得法　此法　無實　無虛.
수보리　여래소득법　차법　무실　무허

㉕

須菩提　若　菩薩　心住於法　而行布施
수보리　약　보살　심주어법　이행보시

如人入闇　則無所見
여인입암　즉무소견

須菩提　若　菩薩　心住於事　而行布施
수보리　약　보살　심주어사　이행보시

如人入闇　則無所見.
여인입암　즉무소견

㉑ 수보리여! 보살은 모든 중생을 이롭게 하기 위해 이와 같이 보시해야 한다.	㉑ 수보리~ 장로님~ 보살들은 모든중생 이롭게~ 하기위해 보시하는 것입니다.
㉒ 여래는 모든 중생이란 관념은 중생이란 관념이 아니라고 설하고, 또 모든 중생도 중생이 아니라고 설한다.	㉒ 보시하되 보시했다 생각하면 아니되고 모든중생 위하였다 생각하면 안됩니다.
㉓ 수보리여! 여래는 바른 말을 하는 이고, 참된 말을 하는 이며, 이치에 맞는 말을 하는 이고, 속임 없이 말하는 이며, 사실대로 말하는 이다.	㉓ 수보리~ 장로님~ 여래는~ 당연히~ 참된말과 바른말과 옳은말만 말합니다. 속이는말 아니하고 헛된말을 안합니다.
㉔ 수보리여! 여래가 얻은 법에는 진실도 없고 거짓도 없다.	㉔ 수보리~ 장로님~ 여래는~ 부처님법 깨닫고도 깨달았다 생각하지 아니하고, 생각하지 않는다는 생각조차 않습니다.
㉕ 수보리여! 보살이 대상에 집착하는 마음으로 보시하는 것은 마치 사람이 어둠 속에 들어가면 아무것도 볼 수 없는 것과 같고	㉕ 수보리~ 장로님~ 눈이밝은 사람들도 어두운~ 밤중에는 아무것도 볼수없듯 보시하는 보살들도 걸려있는 마음으론 제대로~ 복덕들을 지을수가 없습니다.

㉖
若 菩薩　心不住法　而行布施
약　보살　심부주법　이행보시

如人有目　日光明照　見種種色
여인유목　일광명조　견종종색

㉖
若 菩薩　心不住事　而行布施
약　보살　심부주사　이행보시

如人有目　日光明照　見種種色.
여인유목　일광명조　견종종색

㉗
湏菩提　當來之世　若有善男子　善女人　能於此經
수보리　당래지세　약유선남자　선여인　능어차경

受持讀誦　~~~~　則爲如來　以佛智慧　悉知是人
수지독송　　　　　즉위여래　이불지혜　실지시인

悉見是人　皆得成就　無量無邊功德
실견시인　개득성취　무량무변공덕

㉗
湏菩提　若有善男子　善女人　能於此經
수보리　약유선남자　선여인　능어차경

受持讀誦　爲他人說　則爲如來　以佛智慧　悉知是人
수지독송　위타인설　즉위여래　이불지혜　실지시인

悉見是人　皆得成就　無量無邊功德.
실견시인　개득성취　무량무변공덕

⑳
보살이 대상에 집착하지 않는 마음으로
보시 하는 것은
마치 눈 있는 사람에게 햇빛이 밝게 비치면
갖가지 모양을 볼 수 있는 것과 같다.

⑳
수보리~ 장로님~ 눈이밝은 사람들도
빛이있는 낮이라야 여러모습 볼수있듯
보시하는 보살들도 마음이~ 안걸려야
참으로~ 복덕들을 지을수가 있습니다.

㉗
수보리여! 미래에 선남자 선여인이
이 경전을 받고 지니고 읽고 외운~~~~다면
여래는 부처의 지혜로
이 사람들이 모두 한량없는 공덕을 성취하게 될 것임을
다 알고 다 본다."

㉗
수보리~ 장로님~ 부처님의 지혜로써
여래는~ 모두알고 모두보고 있습니다.
이법문을 받아지녀 독송하며 전해주는
선남자와 선여인이 짓게되는 복덕들은
헤아릴수 없을만큼 한량없이 많습니다.

조계종/구마라집 한문본	무비·대심 한문본
①	①

조계종/구마라집 한문본

①

須菩提 若有善男子 善女人 初日分 以恒河沙等身布施
수보리 약유선남자 선여인 초일분 이강가사등신보시

中日分 復以恒河沙等身布施 後日分 亦以恒河沙等身布
중일분 부이강가사등신보시 후일분 역이강가사등신보

施 如是無量百千萬億劫 以身布施
시 여시무량백천만억겁 이신보시

若復有人 聞此經典 信心不逆 其福勝彼
약부유인 문차경전 신심불역 기복승피

②

何況書寫 受持讀誦 爲人解說
하황서사 수지독송 위인해설

③

須菩提 以要言之 是經有 不可思議 不可稱量 無邊 功德
수보리 이요언지 시경유 불가사의 불가칭량 무변 공덕

④

如來 爲發大乘者說 爲發最上乘者說
여래 위발대승자설 위발최상승자설

⑤

若有人 能受持讀誦 廣爲人說 如來 悉知是人 悉見是人.
약유인 능수지독송 광위인설 여래 실지시인 실견시인

皆得成就 不可量 不可稱 無有邊 不可思議功德
개득성취 불가량 불가칭 무유변 불가사의공덕

무비·대심 한문본

①

須菩提 若有人 初日分 以恒河沙等身布施
수보리 약유인 초일분 이강가사등신보시

中日分 復以恒河沙等身布施 後日分 亦 以恒河沙等身
중일분 부이강가사등신보시 후일분 역 이강가사등신

布施 如是百千萬億劫 以身布施
보시 여시백천만억겁 이신보시

若復有人 聞此經典 信心不謗 其福勝彼.
약부유인 문차경전 신심불방 기복승피

②

何況書寫 受持讀誦 爲人解說.
하황서사 수지독송 위인해설

③

須菩提 是經有 不可思議 不可稱量 功德.
수보리 시경유 불가사의 불가칭량 공덕

④

如來 爲發大乘者說 爲發最上乘者說.
여래 위발대승자설 위발최상승자설

⑤

若有人 能受持讀誦 廣爲人說 如來 悉知是人 悉見是人.
약유인 능수지독송 광위인설 여래 실지시인 실견시인

皆得成就 不可量 不可稱 無有邊 不可思議功德.
개득성취 불가량 불가칭 무유변 불가사의공덕

15장 금강경을 받아 지니는 공덕

조계종 한글본	가사체 금강경
①	①
"수보리여! 선남자 선여인이 아침나절에 항하의 모래 수만큼 몸을 보시하고 점심나절에 항하의 모래 수만큼 몸을 보시하며 저녁나절에 항하의 모래 수만큼 몸을 보시하여, 이와 같이 한량없는 시간동안 몸을 보시한다고 하자. 또 어떤 사람이 이 경의 말씀을 듣고 비방하지 않고 믿는다고 하자. 그러면 이 복은 저 복보다 더 뛰어나다.	수보리~ 장로님~ 백천만억 겁동안을 매일매일 아침에도 한낮에도 저녁에도 강가강의 모래만큼 여러차례 자기몸을 보시하는 사람들이 짓게되는 복보다도 이법문을 듣고서~ 비방않는 사람들이 짓게되는 복덕들이 훨씬더~ 많습니다.
②	②
하물며 이 경전을 베껴 쓰고 받고 지니고 읽고 외우고 다른 이를 위해 설명해 줌이랴!	하물며~ 이법문을 사경하고 받아지녀 독송하고 널리널리 전해주는 복덕이랴!
③	③
수보리여! 간단하게 말하면 이 경에는 생각할 수도 없고 헤아릴 수도 없는 한없는 공덕이 있다.	수보리~ 장로님~ 이법문의 복덕들은 헤아릴수 없을만큼 한량없이 많습니다.
④	④
여래는 대승에 나아가는 이를 위해 설하며 최상승에 나아가는 이를 위해 설한다.	이법문은 대승의길 가는사람 위하여서 최상승길 가는사람 위하여서 설합니다.
⑤	⑤
어떤 사람이 이 경을 받고 지니고 읽고 외워 널리 다른 사람을 위해 설해 준다면 여래는 이 사람들이 헤아릴 수 없고 말할 수 없으며 한없고 생각할 수 없는 공덕을 성취할 것임을 다 알고 다 본다.	이법문을 받아지녀 독송하며 설해주면 여래는~ 모두알고 모두보고 있습니다. 이런사람 짓는복은 끝도없이 많습니다. 헤아릴수 없을만큼 한량없이 많습니다.

⑥

如是人等　則爲荷擔　如來阿耨多羅三藐三菩提
여시인등　즉위하담　여래아누다라삼먁삼보리

⑦

何以故　須菩提　若樂小法者　着我見　人見　衆生見　壽者見
하이고　수보리　약요소법자　착아견　인견　중생견　수자견

則於此經　不能　聽受讀誦　爲人解說
즉어차경　불능　청수독송　위인해설

⑧

須菩提　在在處處　若有此經　一切世間　天　人　阿修羅
수보리　재재처처　약유차경　일체세간　천　인　아수라

所應供養　當知　此處　則爲是塔　皆應恭敬　作禮圍繞
소응공양　당지　차처　즉위시탑　개응공경　작례위요

以諸華香　而散其處
이제화향　이산기처

⑥

如是人等　則爲荷擔　如來阿耨多羅三藐三菩提.
여시인등　즉위하담　여래아누다라삼먁삼보리

⑦

何以故　須菩提　若樂小法者　着我見　人見　衆生見　壽者見
하이고　수보리　약요소법자　착아견　인견　중생견　수자견

則於此經　不能　聽受讀誦　爲人解說
즉어차경　불능　청수독송　위인해설

⑧

須菩提　在在處處　若有此經　一切世間　天　人　阿修羅
수보리　재재처처　약유차경　일체세간　천　인　아수라

所應供養　當知　此處　則爲是塔　皆應恭敬　作禮圍繞
소응공양　당지　차처　즉위시탑　개응공경　작례위요

以諸華香　而散其處.
이제화향　이산기처

⑥

이와 같은 사람들은
여래의 가장 높고 바른 깨달음을 감당하게 될 것이다.

최고바른 깨달음을 이루게될 것입니다.

⑦

왜냐하면 수보리여!
소승법을 좋아하는 자가 자아가 있다는 견해, 개아가 있다는 견해,
중생이 있다는 견해, 영혼이 있다는 견해에 집착한다면
이 경을 듣고 받고 읽고 외우며
다른 사람을 위해 설명해 주지 못하기 때문이다.

수보리~ 장로님~ 수보리~ 장로님~
믿는마음 부족하여 자기중심 인간중심
중생중심 생명중심 생각하는 사람들은
이법문을 받아지녀 독송하지 못합니다.
널리널리 설법하여 전해주지 못합니다.

⑧

수보리여! 이 경전이 있는 곳은 어디든지
모든 세상의 천신·인간·아수라들에게
공양을 받을 것이다. 이곳은 바로 탑이 되리니
모두가 공경하고 예배하고 돌면서 그곳에
여러 가지 꽃과 향을 뿌릴 것임을 알아야 한다."

수보리~ 장로님~ 이법문이 있는곳은
온세상의 하느님과 사람들과 아수라가
부처님의 탑에하듯 공양올릴 것입니다.
예경하며 꽃과향을 올리게될 것입니다.

조계종/구마라집 한문본	무비·대심 한문본
①	①
復次 須菩提 善男子 善女人 受持讀誦此經 부차 수보리 선남자 선여인 수지독송차경	復次 須菩提 善男子 善女人 受持讀誦此經 부차 수보리 선남자 선여인 수지독송차경
~~ 若爲人輕賤 是人 先世罪業 應墮惡道 약위인경천 시인 선세죄업 응타악도	爲他人說 若爲人輕賤 是人 先世罪業 應墮惡道 위타인설 약위인경천 시인 선세죄업 응타악도
以今世人輕賤故 先世罪業 則爲消滅 이금세인경천고 선세죄업 즉위소멸	以今世人輕賤故 先世罪業 則爲消滅 이금세인경천고 선세죄업 즉위소멸
當得阿耨多羅三藐三菩提 당득아누다라삼먁삼보리	當得阿耨多羅三藐三菩提. 당득아누다라삼먁삼보리
②	②
須菩提 我念過去無量阿僧祇劫 於然燈佛前 수보리 아념과거무량아승기겁 어연등불전	須菩提 我念過去百千萬億阿僧祇劫 於然燈佛前 수보리 아념과거백천만억아승기겁 어연등불전
得值 八百四千萬億那由他諸佛 득치 팔백사천만억나유타제불	得值 八萬四千 萬億那由他諸佛 득치 팔만사천 만억나유타제불
悉皆供養承事 無空過者 실개공양승사 무공과자	悉皆供養承事 無空過者. 실개공양승사 무공과자

16장 전생 죄업까지도 씻어냄

조계종 한글본	가사체 금강경
①	①
"또한 수보리여! 이 경을 받고 지니고 읽고 외우~~~~는 선남자 선여인이 남에게 천대와 멸시를 당한다면 이 사람이 전생에 지은 죄업으로는 악도에 떨어져야 마땅하겠지만, 금생에 다른 사람의 천대와 멸시를 받았기 때문에 전생의 죄업이 소멸되고 반드시 가장 높고 바른 깨달음을 얻게 될 것이다.	수보리~ 장로님~ 이법문을 받아지녀 독송하며 널리널리 전하여~ 주면서도 천대받는 선남자와 선여인이 있습니다. 이들은~ 전생지은 죄업으로 인하여서 다음생에 삼악도에 떨어질~ 사람인데 이생에서 남들에게 약간천대 받음으로 전생죄업 소멸하고 깨달음을 이룹니다.
②	②
수보리여! 나는 연등부처님을 만나기 전 과거 한량없는 아승기겁 동안 팔백 사천 만억 나유타의 여러 부처님을 만나 모두 공양하고 받들어 섬기며 그냥 지나친 적이 없었음을 기억한다.	수보리~ 장로님~ 수보리~ 장로님~ 여래가~ 과거연등 부처님을 모시기전, 여래는~ 백천만억 아승기겁 동안에~ 팔만사천 만억나유 부처님을 친견하며 빠짐없이 정성다해 섬겼던일 있습니다.

③

若復有人　於後末世　能受持讀誦此經
약부유인　어후말세　능수지독송차경

~~~~~~　所得功德　於我所供養諸佛功德　百分
소득공덕　어아소공양제불공덕　백분

不及一　千萬億分　乃至　算數譬喩　所不能及
불급일　천만억분　내지　산수비유　소불능급

③

若復有人　於後末世　能受持讀誦此經
약부유인　어후말세　능수지독송차경

爲他人說　所得功德　於我所供養諸佛功德　百分
위타인설　소득공덕　어아소공양제불공덕　백분

不及一　千萬億分　乃至　算數譬喩　所不能及.
불급일　천만억분　내지　산수비유　소불능급

④

須菩提　若　善男子　善女人　於後末世　有受持讀誦此經
수보리　약　선남자　선여인　어후말세　유수지독송차경

~~~~~~　所得功德　我若具說者
소득공덕　아약구설자

或有人聞　心則狂亂　狐疑不信
혹유인문　심즉광란　호의불신

④

須菩提　若　善男子　善女人　於後末世　有受持讀誦此經
수보리　약　선남자　선여인　어후말세　유수지독송차경

爲他人說　所得功德　我若具說者
위타인설　소득공덕　아약구설자

或有人聞　心則狂亂　狐疑不信.
혹유인문　심즉광란　호의불신

⑤

須菩提　當知　是經義　不可思議　果報　亦　不可思議
수보리　당지　시경의　불가사의　과보　역　불가사의

⑤

須菩提　當知　是經義　不可思議　果報　亦　不可思議.
수보리　당지　시경의　불가사의　과보　역　불가사의

③

만일 어떤 사람이 정법이 쇠퇴할 때 이 경을 잘 받고 지니고
읽고 외워서 ~~~~~~ 얻은 공덕에 비하면
내가 여러 부처님께 공양한
공덕은 백에 하나에도 미치지 못하고 천에 하나
만에 하나 억에 하나에도 미치지 못하며
더 나아가서 어떤 셈이나 비유로도 미치지 못한다.

④

수보리여!
선남자 선여인이 정법이 쇠퇴할 때 이 경을 받고 지니고
읽고 외워서 ~~~~~
얻는 공덕을 내가 자세히 말한다면, 아마도 이 말을 듣는
이는 마음이 어지러워서 의심하고 믿지 않을 것이다.

⑤

수보리여! 이 경은 뜻이
불가사의하며
그 과보도
불가사의함을 알아야 한다.”

③

그렇지만 말법세상 이법문을 받아지녀
독송하고 전해주며 짓는복에 비교하면
여래가~ 그모든~ 부처님께 공양하고
예경하여 지은복은 백분의일 천분의일
만억분의 일에조차 미치지~ 못합니다.
숫자로는 비교조차 할수가~ 없습니다.

④

수보리~ 장로님~ 수보리~ 장로님~
말법세상 이법문을 받아지녀 독송하며
널리널리 전해주는 선남자와 선여인이
짓게되는 복덕들을 여래가~ 다말하면
사람들은 믿지않고 혼란해할 것입니다.

⑤

수보리~ 장로님~ 이법문의 복덕들은
헤아릴수 없을만큼 한량없이 많습니다.
이에따라 생겨나는 이법문의 과보역시
헤아릴수 없을만큼 한량없이 많습니다.

十七. 구경무아분 究竟無我分

조계종/구마라집 한문본	무비·대심 한문본
①	①
爾時 須菩提白佛言 世尊 善男子 善女人 이시 수보리백불언 세존 선남자 선여인	世尊 善男子 善女人 세존 선남자 선여인
發阿耨多羅三藐三菩提心 云何應住 ~~~~~~~ 발아누다라삼먁삼보리심 운하응주	發菩薩乘 云何應住 云何修行 발보살승 운하응주 운하수행
云何降伏其心 운하항복기심	云何降伏其心? 운하항복기심
②	②
佛告 須菩提 善男子 善女人 發阿耨多羅三藐三菩提者 불고 수보리 선남자 선여인 발아누다라삼먁삼보리자	須菩提 善男子 善女人 發菩薩乘 수보리 선남자 선여인 발보살승
當生如是心 我應滅度一切衆生 당생여시심 아응멸도일체중생	當生如是心 我應滅度 一切衆生. 당생여시심 아응멸도 일체중생
③	③
滅度一切衆生已 而無有一衆生 實滅度者 멸도일체중생이 이무유일중생 실멸도자	滅度一切衆生已 而無有一衆生 實滅度者. 멸도일체중생이 이무유일중생 실멸도자
④	④
何以故 須菩提 若菩薩 有我相 人相 衆生相 壽者相 하이고 수보리 약보살 유아상 인상 중생상 수자상	何以故 須菩提 若菩薩 有我相 人相 衆生相 壽者相 하이고 수보리 약보살 유아상 인상 중생상 수자상
則非菩薩 즉비보살	則非菩薩. 즉비보살
⑤	⑤
所以者何 須菩提 實無有法 發阿耨多羅三藐三菩提者 소이자하 수보리 실무유법 발아누다라삼먁삼보리자	所以者何 須菩提 實無有法 名發菩薩乘者. 소이자하 수보리 실무유법 명발보살승자

17장 자기중심적 생각에서 완전히 벗어남

조계종 한글본	가사체 금강경
①	①
그때 수보리가 부처님께 여쭈었습니다. "세존이시여! 가장 높고 바른 깨달음을 얻고자 하는 선남자 선여인은 어떻게 살아야 하며 ~~~~~~~~~~~~ 어떻게 그 마음을 다스려야 합니까?"	거룩하신 부처님~ 거룩하신 부처님~ 보살의길 가려하는 선남자와 선여인은 어떻게~ 발원하고 어떻게~ 수행하며 어떻게~ 자기마음 다스려야 하옵니까?
②	②
부처님께서 수보리에게 말씀하셨습니다. "가장 높고 바른 깨달음을 얻고자 하는 선남자 선여인은 이러한 마음을 일으켜야 한다. '나는 일체 중생을 열반에 들게 하리라.	수보리~ 장로님~ 수보리~ 장로님~ 보살의길 가려하는 선남자와 선여인은 '일체중생 열반으로 내가모두 제도한다' 이와같은 큰발원을 해야하는 것입니다.
③	③
일체 중생을 열반에 들게 하였지만 실제로는 아무도 열반을 얻은 중생이 없다.'	이리하여 일체중생 열반으로 제도하되 중생제도 하였다고 생각하면 안됩니다.
④	④
왜냐하면 수보리여! 보살에게 자아가 있다는 관념, 개아가 있다는 관념, 중생이 있다는 관념, 영혼이 있다는 관념이 있다면 보살이 아니기 때문이다.	수보리~ 장로님~ 자기중심 인간중심 중생중심 생명중심 생각하는 보살들은 참~된~ 보살이라 말할수가 없습니다.
⑤	⑤
그것은 수보리여! 가장 높고 바른 깨달음에 나아가는 자라 할 법이 실제로 없는 까닭이다.	수보리~ 장로님~ 그런생각 아니해야 참으로~ 보살의길 가고있는 것입니다.

⑥

須菩提　於意云何　如來　於然燈佛所
수보리　어의운하　여래　어연등불소

有法　得阿耨多羅三藐三菩提　不
유법　득아누다라삼먁삼보리　부

⑦

不也　世尊　如我解佛所說義　佛於然燈佛所
불야　세존　여아해불소설의　불어연등불소

無有法　得阿耨多羅三藐三菩提
무유법　득아누다라삼먁삼보리

⑧

佛言　如是如是　須菩提　實無有法
불언　여시여시　수보리　실무유법

如來得　阿耨多羅三藐三菩提
여래득　아누다라삼먁삼보리

⑨

須菩提　若有法　如來得　阿耨多羅三藐三菩提者
수보리　약유법　여래득　아누다라삼먁삼보리자

然燈佛　則不與我受記　汝於來世　當得作佛　號釋迦牟尼
연등불　즉불여아수기　여어래세　당득작불　호석가모니

⑥

須菩提　於意云何　如來　於然燈佛所
수보리　어의운하　여래　어연등불소

有法　得阿耨多羅三藐三菩提　不?
유법　득아누다라삼먁삼보리　부

⑦

不也　世尊　如我解佛所說義　佛於然燈佛所
불야　세존　여아해불소설의　불어연등불소

無有法　得阿耨多羅三藐三菩提.
무유법　득아누다라삼먁삼보리

⑧

如是如是　須菩提　實無有法
여시여시　수보리　실무유법

如來得　阿耨多羅三藐三菩提.
여래득　아누다라삼먁삼보리

⑨

須菩提　若有法　如來得　阿耨多羅三藐三菩提者
수보리　약유법　여래득　아누다라삼먁삼보리자

然燈佛　則不與我受記　汝於來世　當得作佛　號釋迦牟尼
연등불　즉불여아수기　여어래세　당득작불　호석가모니

⑥ 수보리여! 그대 생각은 어떠한가? 여래가 연등부처님 처소에서 가장 높고 바른 깨달음이라 할 법이 있었는가?"	⑥ 수보리~ 장로님~ 어찌생각 하십니까? 과거연등 부처님을 모시고~ 있을때에 '다음생에 최고바른 깨달음을 이룰거라' 여래가~ 생각했다 말할수가 있습니까?
⑦ "아닙니다, 세존이시여! 제가 부처님께서 말씀하신 뜻을 이해하기로는 부처님께서 연등부처님 처소에서 얻으신 가장 높고 바른 깨달음이라 할 법이 없습니다."	⑦ 아닙니다 부처님~ 그리생각 않습니다. 제가지금 부처님의 말씀이해 하기로는 과거연등 부처님을 모시고~ 계실때에 '다음생에 최고바른 깨달음을 이룰거라' 부처님은 그렇게~ 생각않으 셨습니다.
⑧ 부처님께서 말씀하셨습니다. "그렇다, 그렇다. 수보리여! 여래가 가장 높고 바른 깨달음을 얻은 법이 실제로 없다.	⑧ 수보리~ 장로님~ 참으로~ 옳습니다. '다음생에 최고바른 깨달음을 이룰거라' 여래는~ 그렇게~ 생각아니 했습니다.
⑨ 수보리여! 여래가 가장 높고 바른 깨달음을 얻은 법이 있었다면 연등부처님께서 내게 '그대는 내세에 석가모니라는 이름의 부처가 될 것이다.'라고 수기하지 않았을 것이다.	⑨ 수보리~ 장로님~ 수보리~ 장로님~ '다음생에 최고바른 깨달음을 이룰거라' 여래가~ 그렇게~ 생각을~ 했더라면 과거연등 부처님이 여래에게 그당시에 '다음생에 석가모니 부처가될 것입니다' 이러한~ 수기를~ 안주셨을 것입니다.

⑩

以實無有法　得阿耨多羅三藐三菩提　是故
이실무유법　득아누다라삼먁삼보리　시고

然燈佛　與我受記　作是言
연등불　여아수기　작시언

汝於來世　當得作佛　號釋迦牟尼
여어래세　당득작불　호석가모니

⑪

何以故　如來者　卽諸法如義
하이고　여래자　즉제법여의

⑫

〜〜〜〜〜〜　若有人言　〜〜〜〜〜〜　如來得
　　　　　　　약유인언　　　　　　　여래득

阿耨多羅三藐三菩提　〜〜〜〜〜〜
아누다라삼먁삼보리

⑬

須菩提　實無有法　佛得　阿耨多羅三藐三菩提
수보리　실무유법　불득　아누다라삼먁삼보리

⑭

須菩提　如來所得　阿耨多羅三藐三菩提
수보리　여래소득　아누다라삼먁삼보리

於是中　無實　無虛
어시중　무실　무허

是故　如來說　一切法　皆是佛法
시고　여래설　일체법　개시불법

⑩

以實無有法　如來得阿耨多羅三藐三菩提　是故
이실무유법　여래득아누다라삼먁삼보리　시고

然燈佛　與我受記　作是言
연등불　여아수기　작시언

汝於來世　當得作佛　號釋迦牟尼.
여어래세　당득작불　호석가모니

⑪

須菩提　如來者　卽諸法如義.
수보리　여래자　즉제법여의

⑫

須菩提　若有人言　有法　如來得
수보리　약유인언　유법　여래득

阿耨多羅三藐三菩提　卽爲謗我　爲非善取.
아누다라삼먁삼보리　즉위방아　위비선취

⑬

須菩提　實無有法　如來得　阿耨多羅三藐三菩提.
수보리　실무유법　여래득　아누다라삼먁삼보리

⑭

須菩提　如來所得　阿耨多羅三藐三菩提
수보리　여래소득　아누다라삼먁삼보리

於是中　無實　無虛
어시중　무실　무허

是故　如來說　一切法　皆是佛法.
시고　여래설　일체법　개시불법

⑩ 가장 높고 바른 깨달음을 얻은 법이 실제로 없었으므로 연등부처님께서 내게 '그대는 내세에는 반드시 석가모니라는 이름의 부처가 될 것이다.'라고 수기하셨던 것이다.	⑩ '다음생에 최고바른 깨달음을 이룰거라' 여래가~ 그렇게~ 생각하지 않았기에 과거연등 부처님이 여래에게 그당시에 '다음생에 석가모니 부처가될 것입니다' 이러한~ 수기를~ 주시었던 것입니다.
⑪ 왜냐하면 여래는 모든 존재의 진실한 모습을 의미하기 때문이다.	⑪ 수보리~ 장로님~ 부처라고 하는말은 모든것에 대하여서 여여하다 뜻입니다.
⑫ 어떤 사람이 여래가 가장 높고 바른 깨달음을 얻었다고 말한다면, ~~~~~~~~~~	⑫ 수보리~ 장로님~ 수보리~ 장로님~ '최고바른 깨달음을 온전하게 이루었다' 여래가~ 이런생각 한다하는 사람들은 여래를~ 근거없이 비방하는 것입니다.
⑬ 수보리여! 여래가 가장 높고 바른 깨달음을 얻은 법이 실제로 없다.	⑬ 수보리~ 장로님~ 수보리~ 장로님~ '최고바른 깨달음을 온전하게 이루었다' 여래는~ 이런생각 조금도~ 않습니다.
⑭ 수보리여! 여래가 얻은 가장 높고 바른 깨달음에는 진실도 없고 거짓도 없다. 그러므로 여래는 '일체법이 모두 불법이다.'라고 설한다.	⑭ 수보리~ 장로님~ 여래는~ 깨달음을 이루고도 이루었다 생각하지 아니하고, 생각하지 않는다는 생각조차 아니하여 모든법을 깨달았다 말할수가 있습니다. 부처님법 깨달았다 말할수가 있습니다.

左(left column):

⑮
須菩提 所言 一切法者 即非一切法 是故名一切法
수보리 소언 일체법자 즉비일체법 시고명일체법

⑯
須菩提 譬如 人身長大
수보리 비여 인신장대

⑰
須菩提言 世尊 如來說 人身長大 則爲非大身 是名大身
수보리언 세존 여래설 인신장대 즉위비대신 시명대신

⑱
須菩提 菩薩 亦如是 若作是言 我當滅度 無量衆生
수보리 보살 역여시 약작시언 아당멸도 무량중생
則不名菩薩
즉불명보살

⑲ 부처님
何以故 須菩提 ～～～～～～～
하이고 수보리

⑳ 부처님
～～～～～～～ 實無有法 名爲菩薩
실무유법 명위보살

右(right column):

⑮
須菩提 所言 一切法者 即非一切法 是故名一切法.
수보리 소언 일체법자 즉비일체법 시고명일체법

⑯
須菩提 譬如 人身長大.
수보리 비여 인신장대

⑰
世尊 如來說 人身長大 則爲非大身 是名大身.
세존 여래설 인신장대 즉위비대신 시명대신

⑱
須菩提 菩薩 亦如是 若作是言 我當滅度 無量衆生
수보리 보살 역여시 약작시언 아당멸도 무량중생
則不名菩薩.
즉불명보살

⑲ 부처님
須菩提 於意云何 頗有實法 名爲菩薩.
수보리 어의운하 파유실법 명위보살

⑳ 수보리
不也 世尊 實無有法 名爲菩薩.
불야 세존 실무유법 명위보살

70

⑮

수보리여! 일체법이라 말한 것은
일체법이 아닌 까닭에
일체법이라 말한다.

⑮

수보리~ 장로님~ 일체모든 법들을~
깨달고도 깨달았다 생각하지 아니해야
참으로~ 깨달았다 말할수가 있습니다.

⑯

수보리여! 예컨대
사람의 몸이 매우 큰 것과 같다."

⑯

수보리~ 장로님~ 수보리~ 장로님~
존귀함에 대하여서 말씀하여 보십시오.

⑰

수보리가 말하였습니다.
"세존이시여! 여래께서 사람의
몸이 매우 크다는 것은 큰 몸이 아니라고 설하셨으므로
큰 몸이라 말씀하셨습니다."

⑰

거룩하신 부처님~ 거룩하신 부처님~
존귀하되 존귀하다 생각하지 아니해야
참으로~ 존귀하다 말할수가 있습니다.

⑱

"수보리여! 보살도 역시 그러하다.
'나는 반드시 한량없는 중생을 제도하리라.' 말한다면
보살이라 할 수 없다.

⑱

수보리~ 장로님~ 보살들도 같습니다.
중생제도 하였다고 말을하는 보살들은
참~된~ 보살이라 말할수가 없습니다.

⑲ 부처님

왜냐하면 수보리여!　　~~~~~~~~~~~~
　　　　　　　　　　　　~~~~~~~~~~~~
　　　　　　　　　　　　~~~~~~~~~~~~

⑲ 부처님

수보리~ 장로님~ 어찌생각 하십니까?
'나는이제 보살경지 온전하게 이루었다'
보살이~ 이런생각 한다할수 있습니까?

⑳ 부처님

보살이라 할 만한 법이 실제로 없기 때문이다.

⑳ 수보리

아닙니다 부처님~ 그런생각 아니해야
참~된~ 보살이라 말할수가 있습니다.

㉑ 부처님

~~~~~~~~~~~~~~~~

㉑ 부처님

須菩提　衆生者　非衆生　是名衆生.
수보리　중생자　비중생　시명중생

㉒ 부처님

是故　佛說　一切法　無我　無人　無衆生　無壽者
시고　불설　일체법　무아　무인　무중생　무수자

㉒ 부처님

是故　佛說　一切法　無我　無人　無衆生　無壽者.
시고　불설　일체법　무아　무인　무중생　무수자

㉓

須菩提　若菩薩　作是言　我當莊嚴佛土　是不名菩薩
수보리　약보살　작시언　아당장엄불토　시불명보살

㉓

須菩提　若菩薩　作是言　我當莊嚴佛土　是不名菩薩.
수보리　약보살　작시언　아당장엄불토　시불명보살

㉔

何以故　如來說　莊嚴佛土者　卽非莊嚴　是名莊嚴
하이고　여래설　장엄불토자　즉비장엄　시명장엄

㉔

何以故　如來說　莊嚴佛土者　卽非莊嚴　是名莊嚴.
하이고　여래설　장엄불토자　즉비장엄　시명장엄

㉕

須菩提　若菩薩　通達無我法者　如來說　名眞是菩薩
수보리　약보살　통달무아법자　여래설　명진시보살

㉕

須菩提　若菩薩　通達無我法者　如來說　名眞是菩薩.
수보리　약보살　통달무아법자　여래설　명진시보살

㉑

~~~~~~~~~~~~

㉒ 부처님

그러므로 여래는 모든 법에 자아도 없고, 개아도 없고, 중생도 없고,
영혼도 없다고 설한 것이다.

㉓

수보리여!
보살이 '나는 반드시 불국토를 장엄하리라.' 말한다면
이는 보살이라 할 수 없다.

㉔

왜냐하면 여래는 불국토를 장엄한다는 것은
장엄하는 것이 아니라고 설하였으므로
장엄한다고 말하기 때문이다.

㉕

수보리여!
보살이 무아의 법에 통달한다면
여래는 이런 이를 진정한 보살이라 부른다.

㉑ 부처님

수보리~ 장로님~ 중생제도 하고서도
중생제도 하였다고 생각하지 아니해야
참으로~ 제도했다 말할수가 있습니다.

㉒ 부처님

어떠한~ 경우라도 자기중심 인간중심
중생중심 생명중심 생각하면 안됩니다.

㉓

수보리~ 장로님~ 수보리~ 장로님~
불국토를 장엄했다 말을하는 보살들은
참~된~ 보살이라 말할수가 없습니다.

㉔

불국토를 장엄하되 장엄했다 아니해야

참으로~ 장엄했다 말할수가 있습니다.

㉕

수보리~ 장로님~ 수보리~ 장로님~
자기중심 생각들을 조금도~ 아니해야
참~된~ 보살이라 말할수가 있습니다.

十八. 일체동관분 一體同觀分

조계종/구마라집 한문본	무비·대심 한문본
①	①
須菩提 於意云何 如來有肉眼 不 수보리 어의운하 여래유육안 부	須菩提 於意云何 如來有肉眼 不? 수보리 어의운하 여래유육안 부
②	②
如是 世尊 如來有肉眼 여시 세존 여래유육안	如是 世尊 如來有肉眼. 여시 세존 여래유육안
③	③
須菩提 於意云何 如來有天眼 不 수보리 어의운하 여래유천안 부	須菩提 於意云何 如來有天眼 不? 수보리 어의운하 여래유천안 부
④	④
如是 世尊 如來有天眼 여시 세존 여래유천안	如是 世尊 如來有天眼. 여시 세존 여래유천안
⑤	⑤
須菩提 於意云何 如來有慧眼 不 수보리 어의운하 여래유혜안 부	須菩提 於意云何 如來有慧眼 不? 수보리 어의운하 여래유혜안 부
⑥	⑥
如是 世尊 如來有慧眼 여시 세존 여래유혜안	如是 世尊 如來有慧眼. 여시 세존 여래유혜안
⑦	⑦
須菩提 於意云何 如來有法眼 不 수보리 어의운하 여래유법안 부	須菩提 於意云何 如來有法眼 不? 수보리 어의운하 여래유법안 부

18장 빠짐없이 두루 관찰함

조계종 한글본	가사체 금강경
①	①
"수보리여! 그대 생각은 어떠한가? 여래에게 육안이 있는가?"	수보리~ 장로님~ 어찌생각 하십니까? 여래는~ 육신의눈 가지고~ 있습니까?
②	②
"그렇습니다, 세존이시여! 여래에게는 육안이 있습니다."	거룩하신 부처님~ 가지고~ 계십니다. 부처님은 육신의눈 가지고~ 계십니다.
③	③
"수보리여! 그대 생각은 어떠한가? 여래에게 천안이 있는가?"	수보리~ 장로님~ 어찌생각 하십니까? 여래는~ 하늘의눈 가지고~ 있습니까?
④	④
"그렇습니다, 세존이시여! 여래에게는 천안이 있습니다."	거룩하신 부처님~ 가지고~ 계십니다. 부처님은 하늘의눈 가지고~ 계십니다.
⑤	⑤
"수보리여! 그대 생각은 어떠한가? 여래에게 혜안이 있는가?"	수보리~ 장로님~ 어찌생각 하십니까? 여래는~ 지혜의눈 가지고~ 있습니까?
⑥	⑥
"그렇습니다, 세존이시여! 여래에게는 혜안이 있습니다."	거룩하신 부처님~ 가지고~ 계십니다. 부처님은 지혜의눈 가지고~ 계십니다.
⑦	⑦
"수보리여! 그대 생각은 어떠한가? 여래에게 법안이 있는가?"	수보리~ 장로님~ 어찌생각 하십니까? 여래는~ 법의눈을 가지고~ 있습니까?

⑧

如是　世尊　如來有法眼
여시　세존　여래유법안

⑨

須菩提　於意云何　如來有佛眼　不
수보리　어의운하　여래유불안　부

⑩

如是　世尊　如來有佛眼
여시　세존　여래유불안

⑪

須菩提　於意云何　如恒河中所有沙　佛說是沙　不
수보리　어의운하　여강가중소유사　불설시사　부

⑫

如是　世尊　如來說是沙
여시　세존　여래설시사

⑬

須菩提　於意云何　如一恒河中所有沙　有如是等恒河
수보리　어의운하　여일강가중소유사　유여시등강가

是諸恒河所有沙數　佛世界　如是　寧爲多　不
시제강가소유사수　불세계　여시　영위다　부

⑧

如是　世尊　如來有法眼.
여시　세존　여래유법안

⑨

須菩提　於意云何　如來有佛眼　不?
수보리　어의운하　여래유불안　부

⑩

如是　世尊　如來有佛眼.
여시　세존　여래유불안

⑪

須菩提　於意云何　恒河中所有沙　佛說是沙　不?
수보리　어의운하　강가중소유사　불설시사　부

⑫

如是　世尊　如來說是沙.
여시　세존　여래설시사

⑬

須菩提　於意云何　如一恒河中所有沙　有如是等恒河.
수보리　어의운하　여일강가중소유사　유여시등강가

是諸恒河所有沙數　世界　如是　寧爲多　不?
시제강가소유사수　세계　여시　영위다　부

⑧ "그렇습니다, 세존이시여! 여래에게는 법안이 있습니다."	⑧ 거룩하신 부처님~ 가지고~ 계십니다. 부처님은 법의눈을 가지고~ 계십니다.
⑨ "수보리여! 그대 생각은 어떠한가? 여래에게 불안이 있는가?"	⑨ 수보리~ 장로님~ 어찌생각 하십니까? 여래는~ 부처의눈 가지고~ 있습니까?
⑩ "그렇습니다, 세존이시여! 여래에게는 불안이 있습니다."	⑩ 거룩하신 부처님~ 가지고~ 계십니다. 부처님은 부처의눈 가지고~ 계십니다.
⑪ "수보리여! 그대 생각은 어떠한가? 여래는 항하의 모래에 대해서 설하였는가?"	⑪ 수보리~ 장로님~ 어찌생각 하십니까? '강가강에 있는모든 모래알과 같은수~' 여래가~ 이런말을 했던적이 있습니까?
⑫ "그렇습니다, 세존이시여! 여래는 이 모래에 대해 설하셨습니다."	⑫ 거룩하신 부처님~ 하신적이 있습니다. 부처님은 그런말씀 하신적이 있습니다.
⑬ "수보리여! 그대 생각은 어떠한가? 한 항하의 모래와 같이 이런 모래만큼의 항하가 있고 이 여러 항하의 모래 수만큼 부처님 세계가 그만큼 있다면 진정 많다고 하겠는가?"	⑬ 수보리~ 장로님~ 어찌생각 하십니까? 강가강에 있는모든 모래알과 같은수의 강가강의 모래수의 세계들은 많습니까?

⑭

甚多 世尊
심다 세존

⑭

甚多 世尊.
심다 세존

⑮

佛告 須菩提 爾所國土中 所有眾生 若干種心 如來悉知
불고 수보리 이소국토중 소유중생 약간종심 여래실지

須菩提 爾所國土中 所有眾生 若干種心 如來悉知.
수보리 이소국토중 소유중생 약간종심 여래실지

⑯

何以故 如來說 諸心 皆爲非心 是名爲心.
하이고 여래설 제심 개위비심 시명위심

何以故 如來說 諸心 皆爲非心 是名爲心.
하이고 여래설 제심 개위비심 시명위심

⑰

所以者何 須菩提 過去心不可得
소이자하 수보리 과거심불가득

所以者何 須菩提 過去心不可得
소이자하 수보리 과거심불가득

現在心不可得 未來心不可得
현재심불가득 미래심불가득

未來心不可得 現在心不可得.
미래심불가득 현재심불가득

⑭	⑭
"매우 많습니다, 세존이시여!"	많습니다 부처님~ 매우매우 많습니다.

⑮	⑮
부처님께서 수보리에게 말씀하셨습니다. "그 국토에 있는 중생의 여러 가지 마음을 여래는 다 안다.	수보리~ 장로님~ 그모든~ 세계안의 모든중생 모든마음 여래는~ 다압니다.

⑯	⑯
왜냐하면 여래는 여러 가지 마음이 모두 다 마음이 아니라 설하였으므로 마음이라 말하기 때문이다.	마음들을 알면서도 실체라고 아니해야 참으로~ 안다고~ 말할수가 있습니다.

⑰	⑰
그것은 수보리여! 과거의 마음도 얻을 수 없고 현재의 마음도 얻을 수 없고 미래의 마음도 얻을 수 없는 까닭이다.	수보리~ 장로님~ 수보리~ 장로님~ 과거의~ 마음에도 걸리면~ 아니되고 미래의~ 마음에도 걸리면~ 아니되며 현재의~ 마음에도 걸리면~ 안됩니다.

十九. 법계통화분 法界通化分

조계종/구마라집 한문본	무비·대심 한문본
①	①
須菩提 於意云何 若有人 滿三千大千世界七寶 以用布施 수보리 어의운하 약유인 만삼천대천세계칠보 이용보시 是人 以是因緣 得福多 不 시인 이시인연 득복다 부	須菩提 於意云何 若有人 滿三千大千世界七寶 以用布施 수보리 어의운하 약유인 만삼천대천세계칠보 이용보시 是人 以是因緣 得福多 不? 시인 이시인연 득복다 부
②	②
如是 世尊 此人 以是因緣 得福 甚多 여시 세존 차인 이시인연 득복 심다	如是 世尊 此人 以是因緣 得福 甚多. 여시 세존 차인 이시인연 득복 심다
③	③
須菩提 若 福德有實 如來不說 得福德多 수보리 약 복덕유실 여래불설 득복덕다	須菩提 若 福德有實 如來不說 得福德多. 수보리 약 복덕유실 여래불설 득복덕다
④	④
以福德 無故 如來說 得福德多 이복덕 무고 여래설 득복덕다	以福德 無故 如來說 得福德多. 이복덕 무고 여래설 득복덕다

19장 복덕에 걸리지 않음

조계종 한글본	가사체 금강경
① "수보리여! 그대 생각은 어떠한가? 어떤 사람이 삼천대천세계에 칠보를 가득 채워 보시한다면 이 사람이 이러한 인연으로 많은 복덕을 얻겠는가?"	① 수보리~ 장로님~ 어찌생각 하십니까? 삼천대천 세계만큼 금은보화 보시하는 사람들이 짓게되는 복덕들은 많습니까?
② "그렇습니다, 세존이시여! 그 사람이 이러한 인연으로 매우 많은 복덕을 얻을 것입니다."	② 많습니다 부처님~ 매우매우 많습니다.
③ "수보리여! 복덕이 실로 있는 것이라면 여래는 많은 복덕을 얻는다고 말하지 않았을 것이다.	③ 수보리~ 장로님~ 수보리~ 장로님~ 많은복을 짓더라도 지었다고 생각하면 제대로~ 지었다고 말할수가 없습니다.
④ 복덕이 없기 때문에 여래는 많은 복덕을 얻는다고 말한 것이다."	④ 복짓고도 지었다고 생각하지 아니해야 참으로~ 지었다고 말할수가 있습니다.

二十. 이색이상분 離色離相分

조계종/구마라집 한문본	무비·대심 한문본
①	①
須菩提　於意云何　佛　可以具足色身見　不 수보리　어의운하　불　가이구족색신견　부	須菩提　於意云何　如來　可以具足色身見　不? 수보리　어의운하　여래　가이구족색신견　부
②	②
不也　世尊　如來　不應以具足色身見 불야　세존　여래　불응이구족색신견	不也　世尊　如來　不應以具足色身見. 불야　세존　여래　불응이구족색신견
③	③
何以故　如來說　具足色身　卽非具足色身　是名具足色身 하이고　여래설　구족색신　즉비구족색신　시명구족색신	何以故　如來說　具足色身　卽非具足色身　是名具足色身. 하이고　여래설　구족색신　즉비구족색신　시명구족색신
④	④
須菩提　於意云何　如來　可以具足諸相見　不 수보리　어의운하　여래　가이구족제상견　부	須菩提　於意云何　如來　可以具足諸相見　不? 수보리　어의운하　여래　가이구족제상견　부
⑤	⑤
不也　世尊　如來　不應以具足諸相　見 불야　세존　여래　불응이구족제상　견	不也　世尊　如來　不應以具足諸相　見. 불야　세존　여래　불응이구족제상　견
⑥	⑥
何以故　如來說　諸相具足　卽非具足　是名諸相具足 하이고　여래설　제상구족　즉비구족　시명제상구족	何以故　如來說　諸相具足　卽非具足　是名諸相具足. 하이고　여래설　제상구족　즉비구족　시명제상구족

20장 모습에 걸리지 않음

조계종 한글본	가사체 금강경
①	①
"수보리여! 그대 생각은 어떠한가? 신체적 특징을 원만하게 갖추었다고 여래라고 볼 수 있겠는가?"	수보리~ 장로님~ 어찌생각 하십니까? 부처님의 거룩한~ 형상들을 다갖추면 부처라고 말할수가 있다생각 하십니까?
②	②
"아닙니다, 세존이시여! 신체적 특징을 원만하게 갖추었다고 여래라고 볼 수는 없습니다.	아닙니다 부처님~ 부처형상 갖췄다고 반드시~ 부처라고 말할수는 없습니다.
③	③
왜냐하면 여래께서는 원만한 신체를 갖춘다는 것은 원만한 신체를 갖춘 것이 아니라고 설하셨으므로 원만한 신체를 갖춘 것이라고 말씀하셨기 때문입니다."	부처형상 갖추고도 갖추었다 아니해야 참으로~ 갖추었다 말할수가 있습니다.
④	④
"수보리여! 그대 생각은 어떠한가? 신체적 특징을 갖추었다고 여래라고 볼 수 있겠는가?	수보리~ 장로님~ 어찌생각 하십니까? 부처님의 거룩한~ 상호들을 다갖추면 부처라고 말할수가 있다생각 하십니까?
⑤	⑤
"아닙니다, 세존이시여! 신체적 특징을 갖추었다고 여래라고 볼 수는 없습니다..	아닙니다 부처님~ 부처상호 갖췄다고 반드시~ 부처라고 말할수는 없습니다.
⑥	⑥
왜냐하면 여래께서는 신체적 특징을 갖추었다는 것이 신체적 특징을 갖춘 것이 아니라고 설하셨으므로 신체적 특징을 갖춘 것이라고 말씀하셨기 때문입니다."	부처상호 갖추고도 갖추었다 아니해야 참으로~ 갖추었다 말할수가 있습니다.

二十一. 비설소설분 非說所說分

조계종/구마라집 한문본	무비·대심 한문본
① 부처님	① 부처님
須菩提 汝 勿謂 如來作是念 我當有所說法 ~~ 수보리 여 물위 여래작시념 아당유소설법	須菩提 於意云何 如來作是念 我當有所說法 不? 수보리 어의운하 여래작시념 아당유소설법 부
② 부처님	② 수보리
莫作是念 막작시념	不也 世尊. 불야 세존
③ 부처님	③ 부처님
何以故 若人言 如來有所說法 하이고 약인언 여래유소설법	須菩提 若人言 如來有所說法 수보리 약인언 여래유소설법
卽爲謗佛 不能解我所說故 즉위방불 불능해아소설고	卽爲謗我 爲非善取. 즉위방아 위비선취
④	④
須菩提 說法者 無法可說 是名說法 수보리 설법자 무법가설 시명설법	須菩提 說法者 無法可說 是名說法. 수보리 설법자 무법가설 시명설법
⑤	⑤
爾時 慧命 須菩提白佛言 世尊 頗有衆生 於未來世 이시 혜명 수보리백불언 세존 파유중생 어미래세	世尊 頗有衆生 於未來世 세존 파유중생 어미래세
聞說是法 生信心 不 문설시법 생신심 부	聞說是法 生信心 不? 문설시법 생신심 부

21장 설법에 걸리지 않음

조계종 한글본	가사체 금강경
① 부처님	① 부처님
"수보리여! 그대는 여래가 '나는 설한 법이 있다.'는 생각을 한다고 말하지 말라.	수보리~ 장로님~ 어찌생각 하십니까? '부처님의 거룩한법 널리전해 주었다고' 여래가~ 생각한다 말할수가 있습니까?
② 부처님	② 수보리
이런 생각을 하지 말라.	아닙니다 부처님~ 그리생각 않습니다.
③ 부처님	③ 부처님
왜냐하면 '여래께서 설하신 법이 있다.'고 말한다면, 이 사람은 여래를 비방하는 것이니, 내가 설한 것을 이해하지 못했기 때문이다.	수보리~ 장로님~ 참으로~ 옳습니다. '부처님의 거룩한법 널리전해 주었다고' 여래가~ 생각한다 말을하는 사람들은 여래를~ 근거없이 비방하는 것입니다
④	④
수보리여! 설법이라는 것은 설할 만한 법이 없는 것이므로 설법이라고 말한다."	수보리~ 장로님~ 부처님의 법을널리 전하고도 전하였다 생각하지 아니해야 참으로~ 전하였다 말할수가 있습니다.
⑤	⑤
그때 수보리 장로가 부처님께 여쭈었습니다. "세존이시여! 미래에 이 법 설하심을 듣고 신심을 낼 중생이 조금이라도 있겠습니까?"	거룩하신 부처님~ 거룩하신 부처님~ 미래에도 이법문을 믿을중생 있습니까?

⑥

佛言 須菩提 彼非衆生 非不衆生
불언 수보리 피비중생 비불중생

⑥

須菩提 彼非衆生 非不衆生.
수보리 피비중생 비불중생

⑦

何以故 須菩提 衆生 衆生者 如來說 非衆生 是名衆生
하이고 수보리 중생 중생자 여래설 비중생 시명중생

⑦

何以故 須菩提 衆生 衆生者 如來說 非衆生 是名衆生.
하이고 수보리 중생 중생자 여래설 비중생 시명중생

⑥
부처님께서 말씀하셨습니다. "수보리여!
저들은 중생이 아니요
중생이 아닌 것도 아니다.

⑥
수보리~ 장로님~ 수보리~ 장로님~
이법문을 아니믿는 중생들을 보면서도
아니믿는 중생이라 생각하면 안됩니다.

⑦
왜냐하면 수보리여! 중생 중생이라 하는 것은
여래가 중생이 아니라고 설하였으므로
중생이라 말하기 때문이다."

⑦
수보리~ 장로님~ 중생들을 보면서도
중생들을 실체라고 생각하지 아니해야
참으로~ 본다고~ 말할수가 있습니다.

二十二. 무법가득분 無法可得分

조계종/구마라집 한문본	무비·대심 한문본
①	①
~~	湏菩提　於意云何 수보리　어의운하
~~	有法　如來得　阿耨多羅三藐三菩提　不? 유법　여래득　아누다라삼먁삼보리　부
②	②
湏菩提白佛言　~~~~~　世尊 수보리백불언　　　세존	不也　世尊 불야　세존
~~　佛得　阿耨多羅三藐三菩提　爲無所得耶 불득　아누다라삼먁삼보리　위무소득야	無有少法　佛得　阿耨多羅三藐三菩提. 무유소법　불득　아누다라삼먁삼보리
③	③
佛言　如是如是　湏菩提　我於阿耨多羅三藐三菩提 불언　여시여시　수보리　아어아누다라삼먁삼보리	如是如是　湏菩提　我於阿耨多羅三藐三菩提 여시여시　수보리　아어아누다라삼먁삼보리
乃至　無有少法可得　是名阿耨多羅三藐三菩提 내지　무유소법가득　시명아누다라삼먁삼보리	乃至　無有少法可得　是名阿耨多羅三藐三菩提. 내지　무유소법가득　시명아누다라삼먁삼보리

22장 깨달음에 걸리지 않음

조계종 한글본	가사체 금강경
① ~~~~~~~~~ ~~~~~~~~~ ~~~~~~~~~	① 수보리~ 장로님~ 어찌생각 하십니까? '최고바른 깨달음을 온전하게 이루었다' 여래가~ 이런생각 한다할수 있습니까?
② 수보리가 부처님께 여쭈었습니다. "~~~~~~~~~ 세존이시여! 부처님께서 가장 높고 바른 깨달음을 얻은 것은 법이 없는 것입니까?"	② 아닙니다 부처님~ 그리생각 않습니다. '최고바른 깨달음을 온전하게 이루었다' 부처님은 그런생각 조금도~ 않습니다.
③ 부처님께서 말씀하셨습니다. "그렇다, 그렇다. 수보리여! 내가 가장 높고 바른 깨달음에서 조그마한 법조차도 얻을 만한 것이 없었으므로 가장 높고 바른 깨달음이라 말한다."	③ 수보리~ 장로님~ 참으로~ 옳습니다. '최고바른 깨달음을 온전하게 이루었다' 여래는~ 이런생각 조금도~ 아니해서 참으로~ 이루었다 말할수가 있습니다.

조계종/구마라집 한문본	무비·대심 한문본
①	①
復次　湏菩提　是法平等無有高下 부차　수보리　시법평등무유고하	復次　湏菩提　是法平等無有高下 부차　수보리　시법평등무유고하
是名阿耨多羅三藐三菩提 시명아누다라삼먁삼보리	是名阿耨多羅三藐三菩提. 시명아누다라삼먁삼보리
②	②
以無我　無人　無眾生　無壽者　修一切善法 이무아　무인　무중생　무수자　수일체선법	以無我　無人　無眾生　無壽者　修一切善法 이무아　무인　무중생　무수자　수일체선법
則得阿耨多羅三藐三菩提 즉득아누다라삼먁삼보리	則得阿耨多羅三藐三菩提. 즉득아누다라삼먁삼보리
③	③
湏菩提　所言　善法者　如來說　卽非善法　是名善法 수보리　소언　선법자　여래설　즉비선법　시명선법	湏菩提　所言　善法者　如來說　卽非善法　是名善法. 수보리　소언　선법자　여래설　즉비선법　시명선법

23장 깨끗한 마음으로 법을 잘 닦음

조계종 한글본	가사체 금강경
①	①
"또한 수보리여! 이 법은 평등하여 높고 낮은 것이 없으니, 이것을 가장 높고 바른 깨달음이라 말한다.	수보리~ 장로님~ 수보리~ 장로님~ 차별하지 아니하고 평등하게 생각해야 최고바른 깨달음을 이룰수가 있습니다.
②	②
자아도 없고, 개아도 없고, 중생도 없고, 영혼도 없이 온갖 선법을 닦음으로써 가장 높고 바른 깨달음을 얻게 된다.	수보리~ 장로님~ 자기중심 인간중심 중생중심 생명중심 생각하지 아니하고 일체모든 법들을~ 온전하게 닦았어야 최고바른 깨달음을 이룰수가 있습니다.
③	③
수보리여! 선법이라는 것은 선법이 아니라고 여래는 설하였으므로 선법이라 말한다."	수보리~ 장로님~ 수보리~ 장로님~ 법들을잘 닦았어도 닦았다고 아니해야 참으로~ 닦았다고 말할수가 있습니다.

二十四. 복지무비분 福智無比分

조계종/구마라집 한문본	무비·대심 한문본
①	①
須菩提　若三千大千世界中　所有諸須彌山王 수보리　약삼천대천세계중　소유제수미산왕	須菩提　若三千大千世界中　所有諸須彌山王 수보리　약삼천대천세계중　소유제수미산왕
如是等七寶聚　有人　持用布施 여시등칠보취　유인　지용보시	如是等七寶聚　有人　持用布施 여시등칠보취　유인　지용보시
若人　以此般若波羅蜜經　乃至　四句偈等　受持讀誦 약인　이차반야바라밀경　내지　사구게등　수지독송	若人　以此般若波羅蜜經　乃至　四句偈等　受持讀誦 약인　이차반야바라밀경　내지　사구게등　수지독송
爲他人說　於前福德　百分　不及一　百千萬億分 위타인설　어전복덕　백분　불급일　백천만억분	爲他人說　前說福德　於此福德　百分　不及一　千萬億分 위타인설　전설복덕　어차복덕　백분　불급일　천만억분
乃至　筭數譬喩　所不能及 내지　산수비유　소불능급	乃至　筭數譬喩　所不能及. 내지　산수비유　소불능급

24장 비교할 수 없이 큰 복덕

조계종 한글본	가사체 금강경
①	①
"수보리여! 삼천대천세계에 있는 산들의 왕 수미산만큼의 칠보 무더기를 가지고 보시하는 사람이 있다고 하자. 또 이 반야바라밀경의 사구게만이라도 받고 지니고 읽고 외워 다른 사람을 위해 설해 주는 사람이 있다고 하자. 그러면 앞의 복덕은 뒤의 복덕에 비해 백에 하나에도 미치지 못하고 천에 하나 만에 하나 억에 하나에도 미치지 못하며 더 나아가서 어떤 셈이나 비유로도 미치지 못한다."	수보리~ 장로님~ 삼천대천 세계안의 가장큰산 수미산을 전부합친 것만큼의 금은보화 보시하는 사람들이 짓는복은 이법문의 사구게를 하나라도 받아지녀 독송하며 널리널리 전해주는 사람들이 짓는복에 비교하면 백분의일 천분의일 만억분의 일에조차 미치지~ 못합니다. 숫자로는 비교조차 할수가~ 없습니다.

二十五. 화무소화분 化無所化分

조계종/구마라집 한문본	무비·대심 한문본
①	①
須菩提 於意云何 汝等 勿謂 如來作是念 我當度衆生	須菩提 於意云何 如來作是念 我當度衆生?
수보리 어의운하 여등 물위 여래작시념 아당도중생	수보리 어의운하 여래작시념 아당도중생
須菩提 莫作是念 何以故 實無有衆生 如來度者	須菩提 莫作是念 何以故 實無有衆生 如來度者.
수보리 막작시념 하이고 실무유중생 여래도자	수보리 막작시념 하이고 실무유중생 여래도자
②	②
若有衆生 如來度者 如來 則有我人衆生壽者	若有衆生 如來度者 如來 則有我人衆生壽者.
약유중생 여래도자 여래 즉유아인중생수자	약유중생 여래도자 여래 즉유아인중생수자
③	③
須菩提 如來說 有我者 則非有我 而凡夫之人 以爲有我	須菩提 如來說有我者 則非有我 而凡夫之人 以爲有我.
수보리 여래설 유아자 즉비유아 이범부지인 이위유아	수보리 여래설유아자 즉비유아 이범부지인 이위유아
④	④
須菩提 凡夫者 如來說 則非凡夫 ~~~~~~~	須菩提 凡夫者 如來說 則非凡夫 是名凡夫.
수보리 범부자 여래설 즉비범부	수보리 범부자 여래설 즉비범부 시명범부

조계종 한글본	가사체 금강경
①	①
"수보리여! 그대 생각은 어떠한가? 그대들은 여래가 '나는 중생을 제도하리라.'는 생각을 한다고 말하지 말라. 수보리여! 이런 생각을 하지 말라. 왜냐하면 여래가 제도한 중생이 실제로 없기 때문이다.	수보리~ 장로님~ 어찌생각 하십니까? '중생해탈 시켰다고 여래가~ 생각한다' 이렇게~ 말할수가 있다생각 하십니까? 수보리~ 장로님~ 그리생각 마십시오. 여래는~ 그런생각 조금도~ 않습니다.
②	②
만일 여래가 제도한 중생이 있다면, 여래에게도 자아 · 개아 · 중생 · 영혼이 있다는 집착이 있는 것이다.	중생해탈 시켰다고 여래가~ 생각하면 여래도~ 자기중심 인간중심 중생중심 생명중심 생각들을 하고있는 것입니다.
③	③
수보리여! 자아가 있다는 집착은 자아가 있다는 집착이 아니라고 여래는 설하였다. 그렇지만 범부들이 자아가 있다고 집착한다.	수보리~ 장로님~ 자기중심 생각보되 그생각을 실체라고 생각하면 안됩니다. 범부들만 그렇게~ 생각하는 것입니다.
④	④
수보리여! 범부라는 것도 여래는 범부가 아니라고 설하였다. ~~~~~~~~~~~"	수보리~ 장로님~ 범부들을 보면서도 범부들을 실체라고 생각하지 아니해야 참으로~ 본다고~ 말할수가 있습니다.

二十六. 법신비상분 法身非相分

조계종/구마라집 한문본	무비·대심 한문본
① 부처님	① 부처님
須菩提　於意云何　可以三十二相　觀如來　不 수보리　어의운하　가이삼십이상　관여래　부	須菩提　於意云何　可以具足相　觀如來　不? 수보리　어의운하　가이구족상　관여래　부
②	② 수보리
須菩提言　　～～～～～～～ 수보리언	不也　世尊　不應　以具足相　觀如來. 불야　세존　불응　이구족상　관여래
③ 수보리	③ 부처님
如是如是　以三十二相　觀如來 여시여시　이삼십이상　관여래	如是如是　須菩提　如汝所說　不應　以具足相　觀如來. 여시여시　수보리　여여소설　불응　이구족상　관여래
④ 부처님	④ 부처님
佛言　須菩提　若以三十二相　觀如來者 불언　수보리　약이삼십이상　관여래자 轉輪聖王　則是如來 전륜성왕　즉시여래	若以具足相　觀如來者 약이구족상　관여래자 轉輪聖王　則是如來. 전륜성왕　즉시여래
⑤	⑤
須菩提白佛言　世尊　如我解　佛所說義 수보리백불언　세존　여아해　불소설의 不應　以三十二相　觀如來 불응　이삼십이상　관여래	世尊　如我解　佛所說義 세존　여아해　불소설의 不應　以具足相　觀如來. 불응　이구족상　관여래

26장 법신에 걸리지 않음

조계종 한글본	가사체 금강경
① 부처님	① 부처님
"수보리여! 그대 생각은 어떠한가? 서른두 가지 신체적 특징으로 여래라고 볼 수 있는가?"	수보리~ 장로님~ 어찌생각 하십니까? 부처님의 거룩한~ 상호들을 다갖추면 부처라고 말할수가 있다생각 하십니까?
② 수보리	② 수보리
수보리가 대답하였습니다. ~~~~~~~~~ ~~~~~~~~~	아닙니다 부처님~ 부처상호 갖췄다고 반드시~ 부처라고 말할수는 없습니다.
③ 수보리	③ 부처님
"그렇습니다, 그렇습니다. 서른두 가지 신체적 특징으로도 여래라고 볼 수 있습니다."	수보리~ 장로님~ 참으로~ 옳습니다 장로님의 말씀대로 부처상호 갖췄다고 반드시~ 부처라고 말할수는 없습니다.
④	④ 부처님 계속
부처님께서 말씀하셨습니다. "수보리여! 서른두 가지 신체적 특징으로도 여래라고 볼 수 있다면 전륜성왕도 여래겠구나!"	부처상호 갖췄다고 부처라고 말한다면 전륜왕도 부처라고 하여야할 것입니다.
⑤	⑤
수보리가 부처님께 말씀드렸습니다. "세존이시여! 제가 부처님께서 말씀하신 뜻을 이해하기로는, 서른두 가지 신체적 특징을 가지고는 여래를 볼 수 없습니다."	거룩하신 부처님~ '부처상호 갖췄다고 반드시~ 부처라고 말할수는 없다라는' 부처님의 말씀더잘 이해하게 됐습니다.

⑥

爾時　世尊　而說偈言
이시　세존　이설게언

若以色見我　以音聲求我
약이색견아　이음성구아

是人行邪道　不能見如來
시인행사도　불능견여래

⑦

~~~~~~~~~~

~~~~~~~~~~

⑥

爾時　世尊　而說偈言
이시　세존　이설게언

若以色見我　以音聲求我
약이색견아　이음성구아

是人行邪道　不能見如來.
시인행사도　불능견여래

⑦

應觀佛法性　卽導師法身
응관불법성　즉도사법신

法性非所識　故彼不能了.
법성비소식　고피불능료

⑥

그때 세존께서 게송으로 말씀하셨습니다.
　"형색으로 나를 보거나
　음성으로 나를 찾으면
　삿된 길 걸을 뿐
　여래 볼 수 없으리."

⑦

~~~~~~~~~
~~~~~~~~~
~~~~~~~~~
~~~~~~~~~

⑥

이때에~ 부처님이 게송부르 셨습니다.
　형상으로 부처님을 보려하거나
　음성으로 부처님을 찾으려하면
　옳지않은 길을가고 있기때문에
　부처님을 만나뵐수 없게됩니다.

⑦

부처님은 법성으로 봐야합니다.
부처님은 법신으로 나타납니다.
부처님을 인식으로 찾으려하면
부처님을 찾을수가 없게됩니다.

二十七. 무단무멸분 無斷無滅分

조계종/구마라집 한문본	무비·대심 한문본
①	①
須菩提 汝若作是念 如來 不以具足相 수보리 여약작시념 여래 불이구족상	須菩提 於意云何 如來 可以具足相 수보리 어의운하 여래 가이구족상
故得阿耨多羅三藐三菩提 ~~~~ 고득아누다라삼먁삼보리	故得阿耨多羅三藐三菩提 不? 고득아누다라삼먁삼보리 부
②	②
須菩提 莫作是念 如來 不以具足相 수보리 막작시념 여래 불이구족상	須菩提 莫作是念 如來 不以具足相 수보리 막작시념 여래 불이구족상
故得阿耨多羅三藐三菩提 고득아누다라삼먁삼보리	故得阿耨多羅三藐三菩提. 고득아누다라삼먁삼보리
③	③
須菩提 汝若作是念 發阿耨多羅三藐三菩提者 수보리 여약작시념 발아누다라삼먁삼보리자	須菩提 汝若作是念 發菩薩乘者 수보리 여약작시념 발보살승자
說諸法斷滅相 莫作是念 설제법단멸상 막작시념	說諸法斷滅相 莫作是念. 설제법단멸상 막작시념
④	④
何以故 發阿耨多羅三藐三菩提心者 하이고 발아누다라삼먁삼보리심자	何以故 發菩薩乘者 하이고 발보살승자
於法不說斷滅相 어법불설단멸상	於法不說斷滅相. 어법불설단멸상

27장 단절과 소멸을 초월함

조계종 한글본	가사체 금강경
①	①
"수보리여! 그대가 '여래는 신체적 특징을 원만하게 갖추지 않았기 때문에 가장 높고 바른 깨달음을 얻은 것이다.'라고 생각한다면,	수보리~ 장로님~ 어찌생각 하십니까? '여래는~ 부처상호 다갖추고 있으니까 최고바른 깨달음을 온전하게 이루었다' 그렇게~ 말할수가 있다생각 하십니까?
②	②
수보리여! '여래는 신체적 특징을 원만하게 갖추지 않았기 때문에 가장 높고 바른 깨달음을 얻은 것이다.'라고 생각하지 말라.	수보리~ 장로님~ 그리생각 마십시오. '여래는~ 부처상호 다갖추고 있으니까 최고바른 깨달음을 온전하게 이루었다' 누구도~ 그렇게~ 말할수가 없습니다.
③	③
수보리여! 그대가 '가장 높고 바른 깨달음의 마음을 낸 자는 모든 법이 단절되고 소멸되어 버림을 주장한다.'고 생각한다면, 이런 생각을 하지 말라.	수보리~ 장로님~ 수보리~ 장로님~ 보살의길 가고있는 사람들도 생각들이 끊어지고 없어질수 있다생각 마십시오.
④	④
왜냐하면 가장 높고 바른 깨달음의 마음을 낸 자는 법에 대하여 단절되고 소멸된다는 관념을 말하지 않기 때문이다."	보살의길 가고있는 사람들은 생각들이 끊어지지 아니하고 없어지지 않습니다.

二十八. 불수불탐분 不受不貪分

조계종/구마라집 한문본	무비·대심 한문본
①	①
須菩提 若菩薩 以滿恒河沙等世界七寶 持用布施	須菩提 若有人 以滿恒河沙等世界七寶 持用布施
수보리 약보살 이만강가사등세계칠보 지용보시	수보리 약유인 이만강가사등세계칠보 지용보시
若復有人 知一切法 無我得成於忍	若有菩薩 於一切法 無我得成於忍
약부유인 지일체법 무아득성어인	약유보살 어일체법 무아득성어인
此菩薩 勝前菩薩 所得功德	此功德 勝前所得功德.
차보살 승전보살 소득공덕	차공덕 승전소득공덕
②	②
須菩提 以諸菩薩 不受福德故	須菩提 菩薩 不受福德故.
수보리 이제보살 불수복덕고	수보리 보살 불수복덕고
③	③
須菩提白佛言 世尊 云何 菩薩 不受福德	世尊 云何 菩薩 不受福德?
수보리백불언 세존 운하 보살 불수복덕	세존 운하 보살 불수복덕
④	④
須菩提 菩薩 所作福德 不應貪着 是故說 不受福德	須菩提 菩薩 所作福德 不應貪着 是故說 不受福德.
수보리 보살 소작복덕 불응탐착 시고설 불수복덕	수보리 보살 소작복덕 불응탐착 시고설 불수복덕

28장 보답에 걸리지 않음

조계종 한글본	가사체 금강경
①	①
"수보리여! 보살이 항하의 모래 수만큼 세계에 칠보를 가득 채워 보시한다고 하자. 또 어떤 사람이 모든 법이 무아임을 알아 인욕을 성취한다고 하자. 그러면 이 보살의 공덕은 앞의 보살이 얻은 공덕보다 더 뛰어나다.	수보리~ 장로님~ 수보리~ 장로님~ 강가강의 모래수와 같은세계 채울만큼 금은보화 보시하는 사람짓는 복보다도 자기중심 생각에서 완전하게 벗어나신 보살들이 짓는복이 훨씬더~ 많습니다.
②	②
수보리여! 모든 보살들은 복덕을 누리지 않기 때문이다."	수보리~ 장로님~ 참~된~ 보살들은 지은복을 누리려고 생각하지 않습니다.
③	③
수보리가 부처님께 여쭈었습니다. "세존이시여! 어찌하여 보살이 복덕을 누리지 않습니까?"	거룩하신 부처님~ 어떻게~ 하는것이 지은복을 누리려고 생각않는 것입니까?
④	④
"수보리여! 보살은 지은 복덕에 탐욕을 내거나 집착하지 않아야 하기 때문에 복덕을 누리지 않는다고 설한 것이다."	수보리~ 장로님~ 수보리~ 장로님~ 복짓고도 지었다고 생각하지 아니해야 지은복을 누리려고 생각않는 것입니다.

二十九. 위의적정분 威儀寂靜分

조계종/구마라집 한문본	무비·대심 한문본
①	①
須菩提 若有人言 如來 若來 若去 ~~~~ 若坐 若臥 수보리 약유인언 여래 약래 약거 　　　 약좌 약와	須菩提 若有人言 如來 若來 若去 若住 若坐 若臥 수보리 약유인언 여래 약래 약거 약주 약좌 약와
是人不解 我所說義 시인불해 아소설의	是人不解 我所說義. 시인불해 아소설의
②	②
何以故 如來者 無所從來 亦無所去 故名如來 하이고 여래자 무소종래 역무소거 고명여래	何以故 如來者 無所從來 亦 無所去 故名如來. 하이고 여래자 무소종래 역 무소거 고명여래

29장 고요하고 평화로운 부처님 모습

조계종 한글본	가사체 금강경
①	①
"수보리여! 어떤 사람이 '여래는 오기도 하고 가기도 하며 ~~~~~~~ 앉기도 하고 눕기도 한다.'고 말한다면, 그 사람은 내가 설한 뜻을 이해하지 못한 것이다.	수보리~ 장로님~ 수보리~ 장로님~ "부처님은 스스로~ '와서있다 가서있다 멈춰있다 앉아있다 누워있다' 생각한다" 이런말을 하는사람 여래가~ 하는말을 제대로~ 이해한다 말할수가 없습니다
②	②
왜냐하면 여래란 오는 것도 없고 가는 것도 없으므로 여래라고 말하기 때문이다."	와있다는 생각에도 걸리지~ 아니하고 가있다는 생각에도 걸리지~ 아니해야 참~된~ 부처라고 말할수가 있습니다.

三十. 일합이상분 一合理相分

조계종/구마라집 한문본	무비·대심 한문본
①	①
須菩提　若善男子　善女人　以三千大千世界　碎爲微塵 수보리　약선남자　선여인　이삼천대천세계　쇄위미진	須菩提　若善男子　善女人　以三千大千世界　碎爲微塵 수보리　약선남자　선여인　이삼천대천세계　쇄위미진
於意云何　是微塵衆　寧爲多　不 어의운하　시미진중　영위다　부	於意云何　是微塵衆　寧爲多　不? 어의운하　시미진중　영위다　부
②	②
甚多　世尊　何以故 심다　세존　하이고	甚多　世尊　何以故 심다　세존　하이고
若　是微塵衆　實有者　佛　則不說　是微塵衆 약　시미진중　실유자　불　즉불설　시미진중	若　是微塵衆　實有者　佛　則不說　是微塵衆. 약　시미진중　실유자　불　즉불설　시미진중
③	③
所以者何　佛說　微塵衆　則非微塵衆　是名微塵衆 소이자하　불설　미진중　즉비미진중　시명미진중	所以者何　佛說　微塵衆　則非微塵衆　是名微塵衆. 소이자하　불설　미진중　즉비미진중　시명미진중
④	④
世尊　如來所說　三千大千世界　則非世界　是名世界 세존　여래소설　삼천대천세계　즉비세계　시명세계	世尊　如來所說　三千大千世界　則非世界　是名世界. 세존　여래소설　삼천대천세계　즉비세계　시명세계
⑤	⑤
何以故　若　世界　實有者　則是一合相 하이고　약　세계　실유자　즉시일합상	何以故　若　世界　實有者　則是一合相. 하이고　약　세계　실유자　즉시일합상

30장 대상에 걸리지 않음

조계종 한글본	가사체 금강경
①	①
"수보리여! 선남자 선여인이 삼천대천세계를 부수어 가는 티끌을 만든다면, 그대 생각은 어떠한가? 이 티끌들이 진정 많겠는가?"	수보리~ 장로님~ 선남자와 선여인이 삼천대천 세계부숴 티끌로~ 만든다면 어찌생각 하십니까 티끌수는 많습니까?
②	②
"매우 많습니다, 세존이시여! 왜냐하면 티끌들이 실제로 있는 것이라면 여래께서는 티끌들이라고 말씀하지 않으셨을 것이기 때문입니다. (왜냐하면 : 여기에서의 뜻은 '그러나'입니다)	많습니다 부처님~ 그렇지만 말씀하신 티끌들을 보더라도 실체라고 생각하면 제대로~ 본다고~ 말할수가 없습니다.
③	③
그것은 여래께서 티끌들은 티끌들이 아니라고 설하셨으므로 티끌들이라고 말씀하신 까닭입니다.	티끌들을 보면서도 실체라고 아니봐야 참으로~ 본다고~ 말할수가 있습니다.
④	④
세존이시여! 여래께서 말씀하신 삼천대천세계는 세계가 아니므로 세계라 말씀하십니다.	거룩하신 부처님~ 거룩하신 부처님~ 삼천대천 세계보되 실체라고 아니봐야 참으로~ 본다고~ 말할수가 있습니다.
⑤	⑤
왜냐하면 세계가 실제로 있는 것이라면 한 덩어리로 뭉쳐진 것이겠지만,	삼천대천 세계들을 실체라고 생각하면 일합상에 걸려있다 말할수가 있습니다.

⑥

如來說　一合相　則非一合相　是名一合相
여래설　일합상　즉비일합상　시명일합상

⑦

湏菩提　一合相者　則是不可說　但凡夫之人　貪着其事
수보리　일합상자　즉시불가설　단범부지인　탐착기사

⑥

如來說　一合相　則非一合相　是名一合相.
여래설　일합상　즉비일합상　시명일합상

⑦

湏菩提　一合相者　則是不可說　但凡夫之人　貪着其事.
수보리　일합상자　즉시불가설　단범부지인　탐착기사

108

⑥

여래께서 한 덩어리로 뭉쳐진 것은 한 덩어리로 뭉쳐진 것이 아니라고
설하셨으므로
한 덩어리로 뭉쳐진 것이라 말씀하셨기 때문입니다."

⑥

일합상을 보면서도 실체라고 아니봐야

참으로~ 본다고~ 말할수가 있습니다.

⑦

"수보리여!
한 덩어리로 뭉쳐진 것은 말할 수가 없는 것인데
범부들이 그것을 탐내고 집착할 따름이다."

⑦

수보리~ 장로님~ 수보리~ 장로님~
일합상을 실체라고 생각하면 안됩니다.
범부들만 그렇게~ 생각하는 것입니다.

三十一. 지견불생분 知見不生分

조계종/구마라집 한문본	무비·대심 한문본

①

須菩提 若人言 佛說 我見 人見 衆生見 壽者見
수보리 약인언 불설 아견 인견 중생견 수자견

須菩提 於意云何 是人解 我所說義 不
수보리 어의운하 시인해 아소설의 부

須菩提 若人言 佛說 我見 人見 衆生見 壽者見
수보리 약인언 불설 아견 인견 중생견 수자견

於意云何 是人所說 爲正語 不?
어의운하 시인소설 위정어 부

②

不也 世尊 是人不解 如來所說義
불야 세존 시인불해 여래소설의

不也 世尊 是人所說 不爲正語.
불야 세존 시인소설 불위정어

③

何以故 世尊說 我見 人見 衆生見 壽者見
하이고 세존설 아견 인견 중생견 수자견

即非我見 人見 衆生見 壽者見
즉비아견 인견 중생견 수자견

是名 我見 人見 衆生見 壽者見
시명 아견 인견 중생견 수자견

何以故 世尊說 我見 人見 衆生見 壽者見
하이고 세존설 아견 인견 중생견 수자견

即非我見 人見 衆生見 壽者見
즉비아견 인견 중생견 수자견

是名 我見 人見 衆生見 壽者見.
시명 아견 인견 중생견 수자견

④

須菩提 發阿耨多羅三藐三菩提心者 於一切法 應如是知
수보리 발아누다라삼막삼보리심자 어일체법 응여시지

如是見 如是信解 不生法相
여시견 여시신해 불생법상

須菩提 發菩薩乘者 於一切法 應如是知
수보리 발보살승자 어일체법 응여시지

如是見 如是信解 不生法相.
여시견 여시신해 불생법상

⑤

須菩提 所言 法相者 如來說 即非法相 是名法相
수보리 소언 법상자 여래설 즉비법상 시명법상

須菩提 所言 法相者 如來說 即非法相 是名法相.
수보리 소언 법상자 여래설 즉비법상 시명법상

31장 지견을 내지 않음

조계종 한글본	가사체 금강경
①	①
"수보리여! 어떤 사람이 여래가 '자아가 있다는 견해, 개아가 있다는 견해, 중생이 있다는 견해, 영혼이 있다는 견해를 설했다.'고 말한다면, 수보리여! 그대 생각은 어떠한가? 이 사람이 내가 설한 뜻을 알았다 하겠는가?"	수보리~ 장로님~ '자기중심 인간중심 중생중심 생명중심 편견에서 벗어나라 설법하여 주었다고 여래가~ 생각한다' 이런말을 하는사람 어찌생각 하십니까? 옳은말을 하고있다 말할수가 있습니까?
②	②
"아닙니다, 세존이시여! 그 사람은 여래께서 설한 뜻을 알지 못한 것입니다.	아닙니다 부처님~ 그리생각 않습니다. 옳은말을 하고있다 말할수가 없습니다.
③	③
왜냐하면 세존께서는 자아가 있다는 견해, 개아가 있다는 견해, 중생이 있다는 견해, 영혼이 있다는 견해가 자아가 있다는 견해, 개아가 있다는 견해, 중생이 있다는 견해, 영혼이 있다는 견해가 아니라고 설하셨으므로 자아가 있다는 견해, 개아가 있다는 견해, 중생이 있다는 견해, 영혼이 있다는 견해라고 말씀하셨기 때문입니다."	자기중심 인간중심 중생중심 생명중심 편견에서 벗어나라 부처님은 설법하되 설법하여 주었다고 생각하지 아니하여 참으로~ 설법했다 말할수가 있습니다.
④	④
"수보리여! 가장 높고 바른 깨달음을 얻고자 하는 이는 일체법에 대하여 이와 같이 알고, 이와 같이 보며, 이와 같이 믿고 이해하여 법이라는 관념을 내지 않아야 한다.	수보리~ 장로님~ 수보리~ 장로님~ 참으로~ 보살의길 가려하는 사람들은 모든것을 있는대로 온전하게 알고보며 있는대로 믿고이해 해야하는 것입니다. 법중심~ 생각에도 걸리면~ 안됩니다.
⑤	⑤
수보리여! 법이라는 관념은 법이라는 관념이 아니라고 여래는 설하였으므로 법이라는 관념이라 말한다."	수보리~ 장로님~ 수보리~ 장로님~ 법중심~ 생각보되 실체라고 아니봐야 참으로~ 본다고~ 말할수가 있습니다.

三十二. 응화비진분 應化非眞分

조계종/구마라집 한문본	무비·대심 한문본
①	①

須菩提　若有人　以滿無量阿僧祇世界七寶　持用布施
수보리　약유인　이만무량아승기세계칠보　지용보시

須菩提　若有人　以滿無量無數世界七寶　持用布施
수보리　약유인　이만무량무수세계칠보　지용보시

若有善男子　善女人　發菩薩心者　持於此經
약유선남자　선여인　발보살심자　지어차경

若復有人　持於此經
약부유인　지어차경

乃至　四句偈等　受持讀誦　爲人演說　其福勝彼
내지　사구게등　수지독송　위인연설　기복승피

乃至　四句偈等　受持讀誦　爲人演說　其福勝彼.
내지　사구게등　수지독송　위인연설　기복승피

②	②

云何　爲人演說?　不取於相　如如不動
운하　위인연설　불취어상　여여부동

云何　爲人演說?　不取於相　是名爲人演說.
운하　위인연설　불취어상　시명위인연설

③	③

何以故
하이고

何以故
하이고

一切有爲法　如夢幻泡影
일체유위법　여몽환포영

一切有爲法　如星翳燈幻
일체유위법　여성예등환

如露亦如電　應作如是觀
여로역여전　응작여시관

露泡夢電雲　應作如是觀.
노포몽전운　응작여시관

32장 모든 것은 지나감

조계종 한글본	가사체 금강경
①	①
"수보리여! 어떤 사람이 한량없는 아승기 세계에 칠보를 가득 채워 보시한다고 하자. 또 보살의 마음을 낸 어떤 선남자 선여인이 이 경을 지니되 사구게만이라도 받고 지니고 읽고 외워 다른 사람을 위해 연설해 준다고 하자. 그러면 이 복이 저 복보다 더 뛰어나다.	수보리~ 장로님~ 수보리~ 장로님~ 헤아릴수 없이많은 무량세계 채울만큼 금은보화 보시하는 사람짓는 복보다도 이법문의 사구게를 하나라도 받아지녀 독송하며 널리널리 전해주는 사람들이 짓게되는 복덕들이 훨씬더~ 많습니다.
②	②
어떻게 남을 위해 설명해 줄 것인가? 설명해 준다는 관념에 집착하지 말고 흔들림 없이 설명해야 한다.	어떻게~ 전해줘야 하는지를 아십니까? 전하여~ 주었다고 생각하지 아니해야 참으로~ 전해줬다 말할수가 있습니다.
③	③
왜냐하면 　일체유위법은 　꿈 · 허깨비 · 물거품 · 그림자 　이슬 · 번개 같으니 　이렇게 관찰할지라."	보고듣는 일체모든 삼라만상은 별허깨비 등불환영 이슬과거품 꿈과번개 구름처럼 지나갑니다. 모든것을 이와같이 봐야합니다.

④

佛說 是經已 長老 湏菩提 及 諸比丘 比丘尼 優婆塞
불설 시경이 장로 수보리 급 제비구 비구니 우바새

優婆夷 ~~~ 一切世間 天 人 阿修羅 ~~~ 聞佛所說
우바이   일체세간 천 인 아수라   문불소설

皆大歡喜 信受奉行
개대환희 신수봉행

曹溪宗/鳩摩羅什 譯 漢文本 金剛經 終
조계종 구마라집 역 한문본 금강경 종

④

佛說 是經已 長老 湏菩提 及 諸比丘 比丘尼 優婆塞
불설 시경이 장로 수보리 급 제비구 비구니 우바새

優婆夷 菩薩 一切世間 天 人 阿修羅 乾闥婆等 聞佛所說
우바이 보살 일체세간 천 인 아수라 건달바등 문불소설

皆大歡喜 信受奉行.
개대환희 신수봉행

無比·大心 共譯 漢文本 金剛經 終
무비 대심 공역 한문본 금강경 종

④

부처님께서 이 경을 다 설하시고 나니,
수보리 장로와 비구·비구니·
우바새·우바이~~~~~와 모든 세상의
천신·인간·아수라~~~~들이
부처님의 말씀을 듣고 매우 기뻐하며
믿고~~~~~ 받들어 행하였습니다.

조계종 표준 한글본 금강경 끝

④

부처님이 이법문을 모두모두 마치시니,
수보리~ 장로님과 남자스님 여자스님
남자신도 여자신도 보살님들 모든세상
하느님과 사람들과 아수라와 건달바가
부처님의 설법듣고 매우매우 기뻐하며
믿고지녀 받들어~ 행하기로 했습니다.

가사체 금강경 끝

III. 이제는

최근까지도 '구마라집의 한문본'이 거의 유일한 금강경이었습니다. 불교학자들 외에는 '다른 금강경이 있다는 사실'을 아는 분이 별로 없었습니다. 원래는 같은 금강경이었으나, 다른 분이 번역한 한문본도 여러 본이 있고(유지·진제·급다·현장·의정), 범본도 여러 본이 발견되었고, 티베트어본·몽골어본도 있어서, 이제는 쉽게 대조해 볼 수 있게 되었습니다. 구마라집이 멋지게 번역하여 큰 역할을 한 것도 사실이지만, 구마라집 한문본은 여러 문제가 있습니다. 그래서 교감하였습니다. 한문본으로 수행하고자 하는 분들도 이제는 〈무비스님·대심거사가 교감·번역한 한문본〉으로 수행할 수 있게 되었습니다.

우리는 심심찮게 '수행자는 많은데 도인은 없다'는 말을 듣습니다. 사실 수행하려고 해도 의지할 경전을 찾기가 어려웠습니다. 조계종에서 소의경전으로 금강경을 제시하였으나 대부분의 경우에 한문본을 봐야 하니, 한문 공부하느라 실제로 수행할 시간이 별로 없었습니다. 부처

님께서는 "경전을 전할 때에는 1) 육성취를 밝혀서 전하십시오. 2) 많은 사람들이 알아들을 수 있는 말(민중의 언어)로 전하십시오."라고 분명하게 말씀하셨습니다. 훈민정음 창제 후 바로 이런 노력이 이루어졌습니다.

우리말 금강경은 '조선 초기 세조 때 간경도감에서 번역한 언해본'에서 출발합니다. 그런데 지금까지도 거의 같은 번역이 사용되고 있는 실정입니다. 그래서 〈화엄경과 화이트헤드 연구회〉의 도움을 받아, 무비스님·대심거사가 지금의 우리말로 번역하였습니다. 이제는 알아들을 수 있는 우리말 금강경으로 수행할 수 있게 되었습니다. 뿐만 아니라, '독송하기 쉬운 가사체'로 다듬은 가사체 금강경이 이미 출간되어 있습니다. 이제는 '노래로 부르는 우리말 금강경/가사체 금강경'으로 신나게 수행할 수 있게 되었습니다. 이제는 수행자들이 대부분 도인이 될 수 있을 것입니다.

용어 해설

불교佛敎
나쁜행동 하나라도 않겠습니다.　諸惡莫作(제악막작)
착한행동 빠짐없이 하겠습니다.　衆善奉行(중선봉행)
깨끗하고 맑은마음 갖겠습니다.　自淨其意(자정기의)
이세가지 일곱부처 불교입니다.　是諸佛敎(시제불교)
　　　　　　　　　　　　　　　(대반열반경 범행품)

꼭 필요한 용어에 대해서 최소한의 해설만을 제시합니다. 자세한 용어해설은 다른 자료를 참고하시기 바랍니다.

가리왕: 아주 옛날 어떤 왕이 있었습니다. 어느 날 왕은 궁녀들과 함께 교외로 나가 놀다가 잠이 들었습니다. 왕이 잠아 든 사이에 궁녀들은 사방으로 흩어져 꽃을 보며 놀았습니다. 한 궁녀가 어떤 인욕선인을 보고 설법을 청했습니다. 인욕선인은 설법을 했고, 잠에서 깨어나 이 광경을 본 왕은 시기와 질투를 가누지 못해 인욕선인의 귀, 코, 손, 발을 차례로 잘랐습니다. 이때에 성을 내지 않고 잘 참았던 인욕선인이 후세의 석가모니 부처님이었습니다. 이 잔인한 행동으로 인하여 가리왕 이라는 이름이 생겨난 것입니다. '가리'라는 말은 잔혹하다는 뜻입니다.

강가강: ① 인도 현지에서는 강가강이라고 합니다. ② 영어권에서는 갠지스 강이라고 합니다. ③ 중국 한자어에 대해 중국인들은 강가강이라고 합니다. ④ 중국 한자어에 대해 한국에서는 '항하'라고 읽었습니다. 따라서 '강가강'이라고 하는 것이 적절합니다.

겁劫: ① 매우 긴 세월의 단위입니다. ② 범천의 하루, 즉 인간세계의 사억 삼천 이백 만 년을 말하기도 합니다. ③ 개자 겁; 둘레 40리의 성에 개자를 가득 채운 후 3년마다 한 알씩 가지고 가서, 개자가 없어질 때까지의 시간을 말하기도 합니다. ④ 반석 겁; 둘레가 40리 되는 돌을 하느님들이 입는 매우 가벼운 비단 옷으로 3년마다 한 번 씩 스쳐 지나가서, 돌이 전부 닳아 없어질 때까지의 시간을 말하기도 합니다.

게송偈頌: 일반적으로 찬양하고 찬탄하는 노래를 말합니다. 그러나 설법 내용을 시적으로 표현하는 경우도 게송이라고 합니다.

공사상空思想: "나쁜 행동 하나라도 하지 마시고, 착한 행동 빠짐없이 모두 하시고, 깨끗하고 맑은 마음 가지십시오"가 불교의 정의입니다. 앞의 둘을 전제로 해서 깨끗한 마음을 갖는 것이 공함입니다.

구류 중생: 중생을 참고하십시오.

기원정사祇園精寺: 중인도 사위성에서 남쪽으로 2킬로미터 정도 떨어져 있으며, 부처님과 스님들이 설법하고 수도할 수 있도록 급고독원장자가 기증한 7층 가람으로 매우 웅장하였다고 합니다. 그러나 당나라 현장스님이 그곳을 순례하던 때에 이미 황폐화되어 있었다고 합니다.

대승大乘: 초기불교를 하는 사람들을 "타인 혹은 다른 생명체에 대한 배려가 부족한 소승"이라고 비난하면서 나타난 불교운동을 대승이라고 말합니다.

말법末法: 부처님이 세상을 떠난 후 부처님의 가르침이 쇠퇴해 가는 과정을 크게 세 단계로 나누었습니다. 부처님의 가르침이 비교적 그대로 살아

있는 시기를 정법시대, 진리를 체득한 사람은 거의 없고 가르침만 전해지는 상법시대, 가르침마저도 희미해져 버리는 말법시대로 나누었습니다.

반야般若바라밀: 최상의 지혜를 말합니다. 반야를 얻어야 성불하며 반야를 얻은 이는 부처이므로 반야는 모든 부처의 스승 또는 어머니라고 합니다. 앎은 세 가지로 구분할 수 있습니다. 첫째 앎인 지식은 일종의 기능이라고 보면 됩니다. 전문적 지식을 말합니다. 수영 태권도 의료지식 법률지식 경제학지식 달리기 권투 이 모두가 지식에 속합니다. 둘째 앎인 지혜는 도덕이라고 보면 됩니다. 노년까지 참으로 행복하게 사는 사람들은 거의 전부가 도덕적인 삶을 사는 사람들입니다. 셋째 앎인 반야지혜는 내생에도 통용되는 참된 지혜를 말합니다. 속세의 지혜와 구분되는 참으로 바른 지혜를 말합니다. 반야바라밀은 이 참으로 바른 지혜를 체화하여 완성하려는 수행을 말합니다.

발원發願: 극락세계를 건설하여 중생을 구제하려고 하거나 착한 일을 하려는 마음을 일으키는 것을 말합니다. 특히, 모든 중생을 완전히 성불시켜서 영원히 지옥을 없애겠다는 지장보살님의 발원이 중요합니다.

범부凡夫: 지혜가 얕고 우둔한 중생을 말합니다. 올바른 이치를 깨닫지 못한 사람을 범부라고 합니다. 원래의 의미는 보통 사람이라는 의미였으나, 보통 사람을 선남선녀 혹은 선남자 선여인이라고 하게 되면서 범부는 부정적인 의미로 쓰이게 된 것 같습니다.

법法: 부처님의 가르침을 말하는 경우가 대부분입니다. 그러나 개인이 생각하는 '나름대로의 진리'도 법이라고 합니다. 따라서 경전에서의 법은 진리라는 긍정적 의미와 분별심이라는 부정적 의미를 동시에 내포하게 됩니다.

법의 눈(法眼): 일체 법을 분명하게 비춰보는 눈을 말합니다. 보살은 이 눈으로 모든 법의 진상을 잘 알고 중생을 제도합니다.

보살菩薩: 보리살으바 혹은 보리살타菩提薩埵의 준말입니다. 성불하기 위하여 수행에 힘쓰는 사람의 총칭으로 쓰이기도 하며, 넓은 의미로는 대승불교에 귀의한 사람 모두를 말하기고 합니다.

보시布施: 다른 사람에게 어떤 것을 베풀어 주는 것을 말합니다. 보시에는 재시, 법시, 무외시가 있습니다. 재시는 재물을 베풀어 주는 것을 말하고, 법시는 부처님의 법을 전해 주는 것을 말하고, 무외시는 두려움을 없애주는 것을 말합니다.

복福: 세 가지 의미가 있습니다. 착한 일을 하여 복을 짓는다는 의미, 다른 하나는 지은 복이 있으므로 인연법에 따라 받을 복이 있다는 의미, 마지막으로 복을 누리고 있다는 의미가 있습니다.

부처의 눈(佛眼): 최고의 바른 깨달음을 이룬 부처만이 가질 수 있는 눈 혹은 관점을 말합니다.

사구게四句偈: 네 구절 정도의 시 혹은 게송을 말합니다. 그러나 때로는 경전 중의 매우 중요한 짧은 글을 의미하기도 합니다.

삼천대천세계三千大千世界: 세계는 인간이 인식할 수 있는 우주를 말합니다. 소천세계는 세계의 1,000배 되는 세계이며, 중천세계는 다시 1,000배, 대천세계는 다시 1,000배 되는 세계를 말합니다. 따라서 하나의

대천세계는 '세계의 1,000,000,000배 되는 세계'를 의미하며, 삼천대천세계는 다시 대천세계의 1,000,000,000배 되는 세계이므로, 세계의 1000,000,000,000,000,000배 되는 세계를 말합니다.

상호相好: 서른둘의 거룩한 상, 즉 32상相과 세부 모습인 80종호種好를 말합니다.

서른둘의 거룩한 상(三十二相): 일반사람에 비해 부처님이 되면 가지게 되는 32가지의 거룩한 모습을 말합니다. 부처님이 아닌 전륜성왕도 꼭 같은 32상을 가지고 있으므로 이것만으로 부처님을 알아볼 수는 없습니다.

수미산須彌山: 세계의 중앙인 금륜 위에 우뚝 솟은 높은 산을 말합니다. 둘레에 7산 8해가 있고 철위산이 둘러 있고 물속에 잠긴 것이 8만 유순이며, 물위에 드러난 것이 8만 유순이며, 꼭대기에는 제석천이 있고, 산 중턱에는 사왕천이 있습니다.

아수라阿修羅: 원래는 장난을 좋아하는 신으로 등장하였습니다. 장난을 좋아하는 것을 싸우기를 좋아하는 것으로 오해하여 나쁜 귀신으로 생각하기도 합니다. 그러다가 이제는 무서운 귀신으로까지 인식되게 되었습니다.

아승기阿僧祇: 인도에서 사용하는 매우 큰 수數의 단위입니다. 범어로는 아승기인데 일부 불자님들께서 '아승지'라 하기도 합니다.

육성취六成就: 부처님의 육하원칙을 말합니다. 육하원칙을 참고하십시오.

육신의 눈(肉眼): 보통 인간들이 가지고 있는 일반적인 눈을 말합니다. 많을 것을 보기도 하지만, 시간적 공간적 제약을 받습니다.

육하원칙

1) **부처님의 육하원칙**: '경전을 정리할 때에 첫 문장에 둬야 한다'고 부처님께서 말씀하셨기 때문에 불교경전은 앞머리에 육하원칙($_1$누가, $_2$누구와, $_3$언제, $_4$어디서, $_5$어떻게 하는 것을, $_6$누가 듣고 보았는가? : Buddha's 5W 1H/ who, (with)whom, when, where, how, who)이 동등하게 갖추어져 있어야 합니다(육성취). 육하원칙은 최초의 한글 번역인 언해본에서 뿐만 아니라, 대한민국 3대 역경가들(용성스님, 백성욱박사님, 탄허스님)에서도 한 문장에 있었습니다. 이 분들이 모두 정확하게 번역하였음에도 불구하고, 대한불교조계종에서는 '이와 같이 (A) 나는 들었습니다. 어느 때 부처님께서 거룩한 비구 천이백오십 명과 함께 사위국 기수급고독원에 계셨습니다(B)'로 하였습니다. 즉 B를 A에 포함시켜서 부처님의 육하원칙을 없애버렸습니다.

'육하원칙의 제시 순서'는 각각의 언어에 따라서 다를 수도 있습니다. 한문본에서의 순서는 信聞時主處衆이고, 영어에서는 時聞主信衆處이지만 우리말 즉 가사체 금강경에서는 主衆時處信聞의 순서로 하였습니다.

부처님이主	일천이백	오십명의	스님들과
많디많은	보살들과(C)衆	어느날~時	사위국의
기원정사	계시면서處	다음같이	하시는걸信
제가직접	들었으며	제가직접	봤습니다聞(D).

C : 범본, 티베트어본, 몽골어본, 일부 한문본에는 '많디많은 보살들'

이 있습니다.

D : 설법장소에 같이 있었던 제자들이 다시 모여서 경전을 결집했으므로 '설법내용을 직접 들었으며 설법장면을 직접 봤습니다.'가 적절한 번역이라고 할 수 있습니다.

2) **키플링의 육하원칙** : 1907년 노벨 문학상을 받은 키플링의 시 '여섯 명의 정직한 하인/The Elephant's Child'에 나오는 육하원칙을 키플링의 육하원칙(무엇을, 왜, 언제, 어떻게, 어디서, 누가 하였는가? : Kipling's 5W 1H/what, why, when, how, wher,e who)이라고 합니다. 우리는 학교에서 이 육하원칙을 배우지만, 이 육하원칙을 제대로 설명한 글을 한 번도 본 적이 없습니다. 시는 '시를 쓴 작가 자신'도 논리적 설명을 할 수가 없습니다. 프로이트 이후 어느 누구도 행동 이유(왜?)를 말할 수 없습니다. 행동의 진짜 이유는 무의식에 있으므로, 본인조차도 모릅니다. 제3자는 당연히 모릅니다. 그래서 이 육하원칙을 비논리적 육하원칙이라고 하기도 합니다.

사건 진술 혹은 기사 작성의 육하원칙은 부처님의 육하원칙인데 교육부에서 착각하여 키플링의 육하원칙을 가르쳤습니다. 교육부와 기자, 판사, 검사, 경찰, 국문학자들의 반성을 촉구합니다.

일합상一合相 : 자기가 생각하는 우주 전체를 실체라고 고집하는 생각을 말합니다. 우리는 우리 각자가 창조한 세상에 삽니다. 그런데 자기가 창조했다는 사실을 부정하면서 사는 경우가 많습니다. 태양은 우리 모두가 공동으로 창조한 공업창조물입니다.

장로長老 : 지혜와 덕이 높은 사람을 말합니다.

전륜성왕轉輪聖王 : 몸에 32상을 갖추고 있으며, 즉위할 때에는 하늘로부터 받은 윤보를 굴리면서 사방을 위엄으로 굴복시키므로 전륜왕 혹은 전륜성왕이라 합니다.

전생지은 죄업(前生罪業) : 죄를 지으면 업보를 '죄를 짓는 금생'에서 거의 다 받지만, 일부는 다음 생에서 받을 수도 있습니다. 받는 생에서 보면 전생죄업이 됩니다.

중생衆生 : 육도(하늘, 인간, 아수라, 축생, 아귀, 지옥)를 윤회하는 생명체를 통칭하는 말입니다. 금강경에서는 구류 중생을 제시하고 있습니다. 구류 중생도 자세히 보면 구분 차원에 따라서 네 가지 중생(간단히 사생), 두 가지 중생, 세 가지 중생으로 구분되어 있습니다. 육도에 대해서도 다른 견해도 있습니다. 다르다고 해서 틀린 것은 아닙니다. 하늘만 해도 크게 28하늘이 있고, 다시 세분된 하늘이 또 있습니다.

지혜의 눈(慧眼) : 하늘의 눈의 기능은 물론이려니와 현재의 것을 보고 과거 인연을 전부 알 수 있는 눈을 말합니다.

차별差別 : 누구는 어떠어떠해서 존귀하고 누구는 어떠어떠해서 비천하다는 식으로 존재 자체를 차별적으로 생각하는 것을 말합니다.

최상승最上乘 : 초기 불교를 수행이 낮은 사람이 따르는 길이라고 하여 소승이라고 폄하하고, 자신들은 수행이 높아서 남을 배려하는 힘이 크다는 대승불교가 출현하였으며, 다시 대승불교를 비판하는 보살승 혹은 최상승이 출현하였습니다.

탁발托鉢 : 수행자들이 먹을 것이나 재물을 구하러 다니는 행동을 말합니다. 탁발을 하는 이유는 가장 간단한 생활을 표방하기 위한 것입니다. 또한 아집이나 아만을 없애고 보시하는 사람의 복덕을 길러주는 행동이기도 합니다.

하느님(天): 하늘나라에 사는 중생들을 말합니다. 하늘의 복이 다하면 다시 육도의 다른 길을 가게 되므로 아직 중생입니다.

하늘의 눈(天眼): 인간 육신의 눈의 기능은 물론이려니와 하느님들이 가지고 있는 눈, 즉 공간적 제약을 받지 않는 눈을 말합니다. 하늘의 눈이 있는 하느님은 땅 속이나 바다 속 혹은 하늘 구석구석을 볼 수 있습니다.

합장合掌: 두 손바닥을 마주하여 가슴 앞에 두는 행동을 말합니다. 모든 종교에서 가장 거룩한 행동으로 간주합니다. 그런데 불교에서는 일반 사람에 대해서도 합장을 합니다.

현상(法): 색성향미촉법에서의 법은 개개인에게 보여지는 현상을 말합니다. 같은 한자어 법法이라도 부처님의 진리라는 의미도 있고, 우리말로 '---것'이라는 의미도 있습니다.

부록: 반야심경 대조표

조계종 반야심경	가사체 반야심경
① 관자재보살이 깊은 반야바라밀다를 행할 때, 오온이 공한 것을 비추어 보고 온갖 고통에서 건너느니라. (반야심경 광본에는 '그 관세음 보살님이 말씀하셨습니다.'가 있습니다)	마하반야 바라밀을 깊이깊이 수행하여 오온모두 공함보고 모든고통 벗어나신 관세음~ 보살님이 말씀하시 었습니다1)
② 사리자여!	사리불~ 장로님~ 사리불~ 장로님~.
③ (법월역에는 色性是空 空性是色이 있습니다.) 색이 공과 다르지 않고 공이 색과 다르지 않으며, 색이 곧 공이요 공이 곧 색이니,	대상있음 공함있고 공함있음 대상있오2) 대상없음 공함없고 공함없음 대상없오. 대상이곧 공함이고 공함이곧 대상이오.
④ 수 상 행 식도 그러하니라.	느낌생각 행동인식 역시같다 할수있오.
⑤ 사리자여!	사리불~ 장로님~ 사리불~ 장로님~
⑥ 모든 법은 공하여 나지도 멸하지도 않으며, 더럽지도 깨끗하지도 않으며, 늘지도 줄지도 않느니라.	이세상의 모든것은 하나같이 공하다오. 생겨남과 없어짐에 걸려들지 아니하고 더러움과 깨끗함에 걸려들지 아니하고 늘어남과 줄어듦에 걸려들지 마십시오.
⑦ 그러므로 공 가운데는	이리하여 공적함을 온전하게 이룩하면
⑧ 색이 없고 수 상 행 식도 없으며,	어떤대상 어떤느낌 어떤생각 어떤행동 어떤인식 어디에도 걸려들지 아니하오.
⑨ 안 이 비 설 신 의도 없고,	눈과귀와 코혀몸뜻 어디에도 안걸리고
⑩ 색 성 향 미 촉 법도 없으며,	형상소리 냄새맛촉 현상에도 안걸리고
⑪ 눈의 경계도 의식의 경계까지도 없고,	눈의세계 귀의세계 코의세계 혀의세계 몸의세계 뜻의세계 어디에도 안걸리오.
⑫ 무명도 무명이 다함까지도 없으며,	어두움도 벗어나고 벗어남도 벗어나고

늙고 죽음도 늙고 죽음이 다함까지도 없고,	늙고죽음 벗어나고 벗어남도 벗어나고
⑬ 고 집 멸 도도 없으며,	고집멸도 어디에도 걸려들지 아니하오.
⑭ 지혜도 얻음도 없느니라. 얻을 것이 없는 까닭에 보살은 반야바라밀다를 의지하므로 마음에 걸림이 없고 걸림이 없으므로 두려움이 없어서, 뒤바뀐 헛된 생각을 멀리 떠나 완전한 열반에 들어가며,	지혜에도 안걸리고 이룸에도 안걸리고 이룸에도 안걸린단 생각조차 아니하여 모든보살 마하반야 바라밀에 의지하여 모든속박 벗어나고 모든공포 벗어나고 모든망상 벗어나서 구경열반 이루었오.
⑮ 삼세의 모든 부처님도 반야바라밀다를 의지하므로 최상의 깨달음을 얻느니라.	삼세제불 마하반야 바라밀에 의지하여 최고바른 깨달음을 온전하게 이루었오.
⑯ 반야바라밀다는 가장 신비하고 밝은 주문이며 위없는 주문이며 무엇과도 견줄 수 없는 주문이니	마하반야 바라밀은 참으로~ 신비진언 참으로~ 밝은진언 참으로~ 높은진언 무엇과도 비교할수 없이귀한 진언이오.
⑰ 온갖 괴로움을 없애고 진실하여 허망하지 않음을 알지니라.	허망하지 아니하고 참으로~ 진실하여 모든고통 빠짐없이 없애주는 진언이오.
⑱ 이제 반야바라밀다주를 말하리라.	그리하여 마하반야 바라밀을 말합니다.
⑲ 아제아제 바라아제 바라승아제 모지 사바하 (3번)	가자가자 넘어가자 모두다가자 보리이루자 가떼가떼 빠라가떼 빠라상가떼 보리스와하

1) 광본을 참고하여, 첫 문장과 '사리자'를 연결시켰습니다.

2) 범본(이기영 역, 반야심경/ 정병조 지음, 반야심경의 세계)과 한문본 일부에는 ③절에 충분조건이 나옵니다.

3) ③⑧절에서의 색은 색성향미촉법의 합 즉 대상이고, ⑩절에서의 색은 성향미촉법과 구분되는 색 즉 형상입니다.

후 기

대강백 무비스님과의 인연도 어언 20년이 넘어가고 있습니다. 스님의 명을 받들어 1998년 스님 감수로 금강경을 출판하였고, 2005년에는 공역으로 출판하였습니다.

가사체 금강경 전에도, 화엄경과 화이트헤드 연구회 회원님들의 권유로 일부 경전들을 가사체로 다듬었습니다. 이 가사체 번역들을 보시고, 스님께서는 "금강경을 가사체로 다듬을 수 있겠습니까?"라고 하셨습니다. 나름대로 부지런히 노력하였으나 7년이 지난 2012년에야 완성할 수 있었습니다. 스님께서는 다시 "한문을 다듬는 것은 힘드시겠지요?"라고 하셨습니다. 이번에는 제가 "스님께서 하시지요?"라고 넘겼습니다. 솔직히 자신이 없었습니다. 그랬더니 스님께서는 화엄경에 전념하고 싶다고 하시면서, 다시 권유하셨습니다.

한문 실력이 워낙 얕은 필자로서는 참으로 어려운 작업이었습니다. 그래도 화엄경과 화이트헤드 연구회 학자님들과 김남경 교수님의 도움으로, 은해사 주지 돈관스님, 가사체 금강경 독송회, 대한불교조계종 정법회 거사림 남두희 회장님, 경남 양산 대한불교조계종 혜원사 주지 지현스님, 제주도 수보리 선원장 수보리스님, 나주 원각사 원광스님, 서울 미타정사 마가스님, 동화사 주지 효광스님, 언론사불자연합회 정일태 회장님과 각 단체의 사부대중들께서 많은 격려를 보내주신

덕분에 힘을 잃지 않고 정진할 수 있었습니다. 참으로 고맙습니다. 이 책의 원고를 완성하고 나니, 참으로 기쁩니다. 참으로 뿌듯합니다.

큰 그림을 그려주신 무비스님께 참으로 큰 고마움을 올립니다. 참으로 고맙습니다. 그러나 참으로 힘들기도 했습니다. '가사체 금강경 해설'이 완성되는 날에는 스님께 곡차 한 잔 얻어먹어야겠습니다.

각 사찰마다 가사체 금강경 독송회가 열리기를 발원합니다. 가사체 금강경 독송회가 아직 발족하지 못한 사찰이나 신행단체의 법우님들을 위해 서울과 대구에서 독송회를 열고 있습니다.

과학불교 도덕불교 행복불교
가사체 금강경

서울 독송회 : 매월 첫째 일요일 2~5시
대구 독송회 : 매월 넷째 일요일 2~5시
　　　　　　　매　　주　수요일 7~9시
연락처 : 대심거사 010-9512-5202

가사체 불교경전
과
한글세대 불교경전

(표준본)

I. 가사체 불교경전

1.금강경, 2.보현행원품 게송, 3.아미타경, 4.관음경, 5.원각경 보안보살장, 6.부모은중경, 7.약사경, 8.의상대사 법성게, 9.화엄경 약찬게, 10.장엄염불, 11.혜연선사 발원문, 12.경허선사 참선곡, 13.회심곡, 14.무상계, 15.영가법문, 16.부설거사 사부시, 17.백팔대참회, 18.큰소리 염불의 열가지 공덕, 19.신도 공양게

II. 의례 (가사체 의례 / 조계종 의례)

1.삼귀의, 2.예불/예참, 3.반야심경, 4.사홍서원, 5.천수경, 6.새벽종송, 7.저녁종송, 8.정근

III. 한글세대 불교경전

1.지장경 2.보현행원품 3.불유교경

* 필요에 따라서 일부를 추가, 삭제할 수 있습니다.

가사체 불교경전

(주문본)

(예 : 대한불교조계종 혜원사)

I. 조계종 우리말 의례

삼귀의, 칠정례, 반야심경, 사홍서원, 천수경,

II. 가사체 의례

삼귀의, 예불예참, 반야심경, 사홍서원, 천수경, 정근,

III. 경전

금강경, 아미타경, 한문 아미타경, 관음경, 한문 관음경, 한문 천수경, 원각경, 사대주, 기도발원문, 이산혜연선사 발원문, 중단권공, 화엄경 약찬게, 의상대사 법성게, 한문 의상대사 법성게, 무상계, 천혼법어, 영가법문, 장엄염불, 한문 장엄염불, 백팔대참회

부록 : 방생의식

* 혜원사의 필요에 따라 일부를 추가(한문 아미타경, 한문 관음경, 한문 천수경, 한문 장엄염불 등) 또는 삭제하였습니다.

● 무비無比 큰스님 (전 조계종 교육원장)은

부산 범어사에서 여환스님을 은사로 출가. 해인사 강원 졸업. 해인사 통도사 등 여러 선원에서 10여 년 동안 안거. 오대산 월정사에서 탄허스님을 모시고 경전을 공부한 스님은 '탄허스님의 법맥을 이은 대강백'·통도사 범어사 강주, 조계종 승가대학원장, 동국역경원장 역임. 현재 범어사 화엄전에 주석하시면서 후학을 지도하시며 많은 집필활동과 더불어 전국 각지의 법회에서 불자들의 마음 문을 열어주고 있습니다. (다음 까페: 염화실)

● 대심大心거사 조현춘 (가사체 금강경 독송회 회장)은

서울대학교 이장호 지도교수님의 권유로 '동서양 통합 상담심리학'을 세우기 위해 금강경 공부 시작. 30여년 교수생활 중에 계속 '불교경전과 상담심리학 이라는 주제의 논문'을 씀. 한국동서정신과학회, 법륜불자교수회, 한국정서행동장애아교육학회, 대한문학치료학회 등의 회장 역임. 지금은 화엄경과 화이트헤드 연구회 회장, 한국교수불자연합회 자문위원으로 활동하고 있습니다. (다음 까페: 가사체 금강경, 행복훈련원)

가사체 금강경과 조계종 금강경

초판 1쇄 발행 2017년 3월 3일 | **초판 2쇄 발행** 2018년 1월 5일
무비스님 · 대심거사(조현춘) 편저 | **펴낸이** 김시열
펴낸곳 도서출판 운주사 (02832) 서울시 성북구 동소문로 67-1 성심빌딩 3층
전화 (02) 926-8361 | 팩스 0505-115-8361
ISBN 978-89-5746-481-6 03220   값 13,000원
http://cafe.daum.net/unjubooks 〈다음카페: 도서출판 운주사〉